Acciones, bonos y fondos de inversión

JUAN MASCAREÑAS
JOAQUÍN LÓPEZ
ÁNGEL BORREGO

Acciones, bonos y fondos de inversión

EDICIONES PIRÁMIDE

COLECCIÓN "ECONOMÍA PIRÁMIDE BOLSILLO"

DIRECTOR DE LA COLECCIÓN:
Manuel Ahijado
Catedrático de Economía

Diseño de la colección: Mirambo

Juan Ignacio Luca de Tena, 15. 28027 Madrid
Teléfono: 91 393 89 89. Fax: 91 742 36 61
Depósito legal: M. 30.875-1998
ISBN: 84-368-1114-3
Printed in Spain
Impreso en Lavel, S. A.
Polígono Industrial Los Llanos. Gran Canaria, 12
Humanes de Madrid (Madrid)

Índice

Introducción

Este libro pretende ser una eficaz ayuda que permita al lector comprender mejor las cifras, datos y conceptos que aparecen en la prensa económico-financiera y en las páginas económicas de los periódicos de ámbito generalista.

Se ha diseñado con el objetivo de que resulte sencillo, didáctico y claro pero sin perder un ápice del mínimo rigor necesario a la hora de enfrentarse con algo tan complejo como es el mundo financiero.

En él se aborda la información sobre tres grupos de activos financieros, precedidos de una introducción conceptual para que aquel lector que esté menos avezado en estas lides sepa situarse en todo momento en algo tan intrincado como son los mercados financieros. Dichos activos financieros son las acciones, los bonos y otros activos de renta fija, y los fondos de inversión, que se componen de los dos grupos anteriores, fundamentalmente.

Si el lector desea profundizar en estos temas le aconsejamos que consulte las obras citadas en la bibliografía.

Activos y mercados financieros

Después de leer este capítulo usted deberá comprender:

- Qué es un activo financiero.
- Qué son las acciones, las obligaciones y los préstamos.
- Cómo se valoran los activos financieros.
- Qué funciones tienen los activos y los mercados financieros.
- Qué es el mercado primario.
- Cómo operan los bancos de inversión en el mercado primario.
- Qué es el mercado secundario o Bolsa de valores.
- Cómo se negocian los títulos.
- Por qué es importante la globalización de los mercados financieros.
- Cómo actúan los inversores.
- Qué es el tipo de interés.
- Qué es la estructura temporal de los tipos de interés.

❖ ❖ ❖

Los activos financieros

En una economía de mercado, la asignación de los recursos económicos es el resultado de muchas decisiones privadas, siendo los precios las señales indicadoras que hacen que dichos recursos se dirijan hacia donde son más útiles, y este proceso tiene lugar en el mercado (éste es un lugar que no tiene por qué tener existencia física, al que acuden los compradores y vendedores para negociar). Cualquier economía tiene dos tipos de mercados: *a*) el *mercado de productos* (en el que se negocian bienes y servicios) y *b)* el *mercado de factores* (en el que se negocian trabajo y capital). Una parte de este último está formada por el *mercado financiero,* llamado así porque en él se negocian los activos financieros.

Podríamos decir que un activo, en sentido amplio, consiste en algo que poseemos y que tiene un valor de cambio. Los activos tangibles dependen de unas propiedades físicas particulares (edificios, tierras, maquinaria, etc.), mientras que, por el contrario, los activos intangibles representan derechos legales sobre rendimientos futuros, de tal manera que su valor no tiene nada que ver con el soporte físico en el que están registrados (por ejemplo: un billete de 10.000 pesetas no quiere decir que el papel en el que está impreso valga 10.000 pesetas, o que una moneda de 500 pesetas valga dicha cantidad porque el material en que esté acuñada tenga ese valor). La excepción serían aquellos soportes físicos que tienen un valor como antigüedad: un doblón del siglo XVI, o un billete del siglo XIX, por ejemplo). Por tanto, un *activo financiero* es un tipo de activo intangible cuyo valor consiste en el derecho a obtener una cantidad monetaria futura.

La institución (el Estado, un banco, una empresa, etc.) que está de acuerdo en realizar pagos en el futuro recibe el nombre de *emisor* del activo financiero; el propietario de este último se denomina inversor. Veamos algunos ejemplos de activos financieros:

- — Un préstamo personal del BCH (que actúa como inversor o prestamista) a usted (que hace de emisor o prestatario).
- — Un bono a cinco años emitido por el Estado.
- — Una obligación emitida por Repsol, S. A.
- — Un bono emitido por el Gobierno británico.
- — Una acción ordinaria emitida por Iberdrola, S. A.

En el primer caso el contrato de préstamo establece que usted, a cambio de recibir inicialmente una cantidad de dinero determinada, deberá ir abonando (pagando) los intereses y parte de la cantidad prestada (el *principal*) a lo largo de una serie de pagos mensuales que se extenderán varios años en el tiempo. En el segundo caso, el Estado o emisor se compromete a pagar unos intereses anuales durante cinco años y a reembolsarle el principal del préstamo al final de los mismos al propietario del bono (el inversor). Lo mismo pasaría en el caso de las obligaciones (otra forma de llamar a los bonos) emitidas por la empresa española Repsol, o por los bonos emitidos por el Gobierno británico. Por último, la acción ordinaria proporciona al inversor el derecho a recibir los dividendos repartidos por Iberdrola, además de dar el derecho a la propiedad de una parte proporcional de los activos de la misma en el caso de su liquidación.

Activos financieros de propiedad y de deuda

Seguidamente vamos a ver los principales activos financieros que representan una propiedad (en este caso, los que dan derecho a poseer una parte de los activos de una empresa) y los que representan una deuda contraída con su propietario por parte de una institución emisora (el Estado o la empresa).

a) *Acciones ordinarias.* Sus propietarios son los verdaderos dueños de la empresa; a cambio de su inversión esperan recibir cobros en forma de *dividendos* y/o de las *ganancias de capital* resultantes de un aumento del valor de dichas acciones (si hoy compro una acción por 500 pesetas y la vendo dentro de un mes por 550 pesetas he obtenido una ganancia de capital de 50 pesetas). Además, tienen derecho a voto en la Junta General de Accionistas, beneficiándose cuando la compañía obtiene ganancias al mismo tiempo que restringen sus pérdidas máximas a lo que les costó adquirir cada acción. Por otra parte, los accionistas ordinarios poseen el *derecho preferente de suscripción* de nuevas acciones con objeto de que mantengan la proporción que inicialmente tenían en el capital social de la empresa cuando se producen sucesivas ampliaciones de dicho capital.

Es necesario saber distinguir entre el *valor nominal* (valor escriturado en los certificados de emisión de las acciones —lo normal son 500 ó 1.000 pesetas— que representa una parte alícuota del capital social de la compañía), el *valor de mercado* (es el precio al que se vende normalmente un título en el mercado y que aparece en la sección financiera de los periódicos en la parte dedicada a las cotizaciones bursátiles) y el *valor contable* (es el resultado de restarle al valor contable de los activos no ficticios de la compañía el valor contable de las deudas a corto y largo plazo, además de sustraerle también el valor contable de las acciones preferentes si las hubiere, y al resultado de todo ello dividirlo por el número dc acciones ordinarias emitidas).

b) Acciones preferentes. Sus propietarios tienen preferencia en el cobro de dividendos, así como a la hora de liquidar la compañía, con respecto a los accionistas ordinarios. Normalmente, carecen del derecho a voto, pero aun así se les considera dueños de parte de la compañía y, por tanto, sus dividendos no están garantizados.

Precisamente, sobre el tema de los dividendos, las acciones preferentes pueden ser de tipo *acumulativo* (si durante los años en que no reciban dividendos éstos se acumulan y se les pagarán en el futuro de forma acumulada) o *no acumulativo.* En todo caso, el dividendo que se les paga suele estar prefijado en el certificado de emisión de dichos títulos (en esto se asemejan a las obligaciones).

c) Obligaciones o bonos. Son títulos emitidos por una empresa o por el Estado. Es una promesa de pagar periódicamente a su poseedor unos intereses, que reciben el nombre de *cupón*, y de reembolsarle el principal de su deuda en la fecha de amortización de la emisión. Las obligaciones pueden ser *principales* o *subordinadas* según que el pago del cupón sea obligatorio o a que se supedite a la existencia de beneficios. Otro tipo de obligaciones son las *convertibles,* que permiten a su propietario canjearlas por acciones ordinarias durante un plazo prefijado; el número de acciones que se entregarán por cada bono *(ratio de conversión)* o la fórmula de conversión se especifican en la *escritura de emisión* que es el contrato legal que contiene todas las características de la emisión de obligaciones. Otro tipo son los *bonos cupón-cero,* que, como su nombre indica, no pagan cupones a lo largo de su vida, sino que los pagan realmente de forma acumulada en la fecha de amortización de la emisión; estos bonos se suelen emitir *al descuento,* es decir, su precio es igual al valor nominal menos los intereses anticipados y se reembolsan por su valor nominal (por ejemplo, un bono cupón cero que tenga un valor nominal de un millón de pesetas, que pague un tipo de interés anual medio del 10% y que venza dentro de cinco años, pagará en ese momento a su propietario el valor nominal a cambio de que éste pague hoy 620.921 pesetas).

d) *Préstamo a largo plazo.* Es un instrumento financiero de deuda que obliga a la persona o institución que lo recibe a pagar periódicamente (generalmente, cada mes) unos intereses y una parte del principal del préstamo a la persona o institución prestamista (el inversor). Para que esta última se asegure que el prestatario (el deudor) va a realizar los pagos a los que se compromete, puede exigir algún tipo de aval o garantía como, por ejemplo, una hipoteca sobre algún activo del deudor (éste es el caso de los *préstamos hipotecarios*).

El precio de los activos financieros y su riesgo asociado

Un principio económico básico dice que el precio de cualquier activo financiero viene dado por el valor actual de sus flujos de caja esperados, incluso si la corriente de estos últimos no es conocida con certeza, entendiendo por flujos de caja la corriente de dinero líquido que se espera recibir a lo largo de la vida de la inversión financiera. Así, por ejemplo, si adquirimos un bono del Estado a cinco años que paga un 10% de interés anual y cuyo valor nominal es de 10.000 pesetas, su flujo de caja esperado será de 1.000 pesetas anuales durante los próximos cuatro años y en el quinto ascenderá a 11.000 pesetas al reembolsarnos el valor nominal del bono (por simplicidad, hemos hecho abstracción de la retención fiscal). O, por ejemplo, el valor de una acción ordinaria para su propietario dependerá de los dividendos que éste espere recibir en el futuro más el precio de venta de la misma cuando desee deshacerse de ella; en este caso, como se puede observar, es mucho más difícil establecer el valor de los flujos de caja esperados.

La noción de precio de un activo financiero está directamente relacionada con la de su rendimiento esperado, de tal manera que si conocemos los flujos de caja esperados de dicho activo y su precio, podremos determinar su rendimiento esperado. Si, por ejemplo, el precio de un activo financiero es de 10.000 pesetas y su único flujo de caja, que se espera recibir dentro de un año, es de 11.000 pesetas, podremos concluir diciendo que su rendimiento es del 10% anual.

Resumiendo, el rendimiento de un activo financiero, que se expresa en tanto por ciento, se calcula dividiendo el cupón o dividendo que se espera recibir entre el valor de dicho activo. Así, si usted acaba de adquirir un bono a un precio de 9.500 pesetas y espera recibir un cupón anual de 900 pesetas, el rendimiento esperado durante este año será igual a:

$$r = 900/9.500 = 0{,}0947 = 9{,}47\%$$

Por otro lado, el tipo de activo financiero (si es una obligación o una acción ordinaria, por ejemplo), así como las características del emisor del mismo, nos determinan el grado de certidumbre a la hora de obtener la corriente de flujos de caja esperados. Es por esto por lo que se supone que los instrumentos de deuda emitidos por el Estado son totalmente seguros, lo que quiere decir que los flujos de caja que prometen se van a recibir puntualmente en las fechas señaladas; por ello, al rendimiento de estos activos financieros se le denomina *rendimiento libre de riesgo*. Si el emisor fuera una empresa privada entonces habría una cierta probabilidad de impago debida a las dificultades financieras que pudiese tener en el futuro. A este tipo de riesgo se le denomina *riesgo de insolvencia* o *riesgo de crédito*.

Otro tipo de riesgo es el que atañe al poder adquisitivo de los flujos de caja futuros, es decir, el *riesgo de inflación*. Éste nos indica que cuando recibamos cada uno de los flujos de caja su capacidad adquisitiva ya no será la misma que si los hubiésemos recibido actualmente.

Por último, tenemos que mencionar el *riesgo de cambio*, que se refiere a la posibilidad de que, si adquirimos un bono emitido en moneda extranjera, al canjearla por pesetas nos encontremos con que los tipos de cambio han evolucionado de forma opuesta a nuestros intereses y, por tanto, perdamos dinero.

Las funciones de los activos financieros

Los activos financieros tienen dos funciones económicas principales. La primera de ellas consiste en la transferencia de fondos desde aquellas personas o instituciones que tienen exceso de los mismos hacia aquellas que los necesitan para adquirir activos tangibles (los primeros actúan como inversores y los segundos como emisores). La segunda función consiste en la redistribución del riesgo asociado con la generación de los flujos de caja de los activos tangibles entre los que buscan financiación (emisores) y los que la proporcionan (inversores).

Ahora bien, es conveniente que nos demos cuenta de la existencia de un tercer componente, que se sitúa entre los suministradores de fondos y los receptores, al que se denomina *intermediario financiero* cuyo objetivo es la transformación de las necesidades financieras de los emisores en aquellos activos financieros que el público (los inversores) prefieren.

Las funciones de los mercados financieros

Los activos financieros se intercambian o negocian en los *mercados financieros*. Aunque la existencia de un mercado financiero no es una condición necesaria para la creación e intercambio de los activos financieros, en la mayoría de las economías éstos se crean y se negocian en dicho tipo de mercado. Los mercados financieros tienen tres funciones.

La primera de las funciones consiste en la determinación del precio de los activos financieros a través de la interacción entre los compradores y los vendedores, que también determinará el rendimiento requerido de un activo financiero. Esta función recibe el nombre de «proceso de formación de precios».

La segunda función tiene que ver con la *liquidez,* es decir, con la facilidad que tiene el inversor de vender su activo financiero. Así, si un mercado careciera de liquidez el inversor en bonos se vería obligado a mantenerlos en su poder hasta que el emisor se los amortizara completamente, y el inversor en acciones debería mantener sus títulos hasta que la empresa fuera liquidada. Todos los mercados financieros proporcionan liquidez pero no con la misma intensidad; de hecho, el grado de liquidez es uno de los factores que caracteriza a un mercado financiero. El grado de liquidez es algo que usted puede detectar cuando desee deshacerse de un activo financiero, calculando el tiempo que tarda en venderlo desde que dio la orden de hacerlo a su agente y viendo cuál es la rebaja en el precio que usted debe hacer para que alguien se lo compre.

La tercera función de los mercados financieros es la reducción de los *costes de transacción*. Éstos se dividen en dos clases: costes de búsqueda y costes de información.

Los *costes de búsqueda* representan costes explícitos, tales como el dinero empleado en anunciar que se desea comprar o vender un determinado activo financiero, o costes implícitos, tales como el valor del tiempo empleado en la búsqueda de alguien que nos quiera vender o comprar el activo financiero en cuestión (la contraparte). El mercado financiero, si está debidamente organizado, reduce en gran manera este tipo de costes de transacción.

Por otro lado, los *costes de información* están asociados a la valoración de los méritos de cada activo financiero, es decir, a la cantidad y a la probabilidad de que se generen los flujos de caja esperados. Puesto que si el mercado financiero es eficiente, los precios reflejarán toda la información conseguida por los participantes en el mismo, es decir, la cotización mostrará el verdadero valor de la acción de una determinada compañía puesto que toda la información que usted necesita conocer para valorar dicho título ya está reflejada en el precio gracias a la actuación de un sinfín de compradores y vendedores que han ido aportando retazos de información que cada uno de ellos conoce.

Tipos de mercados financieros

Los mercados financieros pueden clasificarse, atendiendo a los derechos financieros que en ellos se negocian, en *mercados de deuda* y *mercados de acciones.*

Si nos fijamos en el plazo de los instrumentos financieros que se negocian podemos dividirlos en *mercados a corto plazo de instrumentos de deuda (mercado de dinero)* y *mercados de activos financieros a medio y largo plazo (mercado de capitales).*

También podemos clasificarlos atendiendo a si los derechos financieros negociados se acaban de emitir, *mercados primarios,* o si se intercambian derechos previamente emitidos, *mercados secundarios.*

Según su estructura organizativa pueden ser *mercados de subasta, mercados extrabursátiles* y *mercados intermediados.*

Atendiendo al momento de la entrega del activo financiero hablaremos del *mercado de contado,* cuando ésta tiene lugar en el momento, y de *mercado de instrumentos derivados,* cuando tiene lugar en el futuro.

Mercados primarios

Cuando una empresa necesita dinero para, por ejemplo, expandir su complejo fabril, desarrollar nuevos productos o adquirir otros negocios, puede realizar una emisión de acciones o de obligaciones. La emisión de acciones da la oportunidad a los inversores de adquirirlas y, a cambio de su coste, pasarán a ser dueños de parte de la empresa y a beneficiarse de su crecimiento futuro. Por otro lado, una empresa o un Estado pueden conseguir dinero a través de la emisión de obligaciones o bonos, los cuales convierten a sus propietarios en acreedores de la institución emisora.

Aunque una empresa podría emitir directamente sus títulos (acciones y obligaciones) en el mercado, la mayoría de las grandes emisiones se realizan a través de instituciones especializadas denominadas *bancos de inversión* [1]. Éstos son intermediarios financieros especializados en colocar (vender) en el mercado nuevas acciones y obligaciones emitidas por las empresas o por el Gobierno.

Ejemplos de bancos de inversión internacionales son: Salomon Brothers, Lehman Brothers, Goldman Sachs, Morgan Stanley, Paine Weber, First Boston Corp., Merril Lynch, JP Morgan, Nomura, Nikko, Banco Santander de Negocios, BBV Interactivos, etc. (véase la tabla 1).

Tabla 1

Los 10 principales bancos de inversión en cuanto a emisiones internacionales de acciones en 1992

Rango	Banco de inversión	Cantidad (10^6\$)	Emisiones	Cuota de mercado (%)
1	Goldman Sachs	3.652,50	45	19,37
2	Morgan Stanley	3.519,50	36	18,67
3	Merrill Lynch	1.483,19	30	7,87
4	Lehman Brothers	1.446,18	28	7,67
5	Banque Paribas	930,76	8	4,94
6	SG Warburg	924,39	9	4,90
7	CFSB/Crédit Suisse	880,55	18	4,67
8	JP Morgan	830,55	4	4,41
9	Swiss Bank Corp.	511,21	7	2,71
10	Robert Fleming	504,24	5	2,67

Fuente: Euromoney Equityware.

[1] Ésta es la denominación norteamericana *(investment bank)*, pues en Gran Bretaña se les denomina *bancos de negocios (merchant banks)*. En España se usan ambos términos indistintamente.

Los bancos de inversión tienen tres funciones principales:

1.ª Aconsejar al emisor sobre los plazos y el momento oportuno para realizar la oferta de emisión de los activos financieros.
2.ª Adquirir los activos financieros recién emitidos.
3.ª Distribuir los activos financieros entre el público

En lo referente a la venta de nuevos activos financieros, los bancos de inversión necesitan realizar la segunda función (adquirir los títulos del emisor), aunque un banquero de inversión puede actuar simplemente como consejero y/o como distribuidor del nuevo activo financiero. Así, cuando un banco de inversión adquiere los títulos recién emitidos y acepta el riesgo de venderlos a los inversores a un precio inferior, se dice que el banco es un *asegurador*. Cuando el banco de inversión se compromete a comprar los títulos recién emitidos a un precio prefijado, el acuerdo de aseguramiento se denomina *venta en firme*.

Una vez comprada la totalidad de la nueva emisión de títulos procederán a revenderla a otros inversores. Como el banco de inversión garantiza la operación, cobrará una comisión por su trabajo, que será la diferencia entre el precio pagado al emisor y el precio al que el banco la vende al público. A esta diferencia se la conoce como *diferencial bruto*. En la tabla 2 se puede ver un ejemplo de los diferenciales brutos en emisiones de acciones y obligaciones en el mercado norteamericano. Así, por ejemplo, si una empresa emite acciones a 1.000 pesetas, el banco podría adquirirlas a 920 pesetas antes de proceder a revenderlas, de tal forma que habrá recibido 80 pesetas por cada acción emitida y vendida.

Por otro lado, un compromiso al *mayor esfuerzo* implica que el banco sólo utilizará su experiencia para vender los títulos recién emitidos y no se compromete a adquirir la emisión en su totalidad. Otras veces el banco asegurador se compromete a adquirir los títulos que no haya podido colocar; entonces este compromiso recibe el nombre de *aseguramiento stand by*.

Tabla 2

Diferenciales brutos en el mercado norteamericano para las emisiones de acciones (de empresas industriales) y bonos (de riesgo medio y largo plazo)

Emisión de acciones ordinarias		Emisión de bonos	
Tamaño (millones de $)	Diferencial bruto (%)	Tamaño (millones de $)	Diferencial bruto (%)
10	6,0-8,0	20	1,3
15	5,0-7,5	25	1,2
20	5,0-7,0	30	1,0
30	3,5-5,0	50	0,7
50	2,0-5,0	100	0,7
100	2,0-4,5	150	0,7
150	2,0-4,0	200	0,7

Fuente: Fabozzi, Modigliani y Ferri.

También ayudan a diseñar el *prospecto de emisión* de las acciones o de las obligaciones en el mercado, en el que se indican las condiciones bajo las que se rige la emisión del activo financiero de que se trate. Tiene que tener el visto bueno de la Comisión Nacional del Mercado de Valores para poder ser distribuido entre el público.

Como la típica operación de aseguramiento implica una gran cantidad de riesgo de pérdida de capital para un único banco de inversión, éstos suelen compartir el riesgo de la colocación de los activos financieros entre los inversores formando un *sindicato* que asegure la emisión. El margen bruto se reparte entre el banco director de la emisión (si hay más de un banco director se dice de ellos que son *codirectores* o *co-managers*) y el resto de los componentes del sindicato, siendo el banco director el encargado de gestionar el trato.

No pierda de vista el lector la importancia de elegir un buen banco de inversión, pues si la operación fracasa la empresa no habrá colocado toda la emisión de acciones u obligaciones y, por tanto, no habrá conseguido el dinero necesario para acometer la inversión en activos tangibles para la que se necesitaba dicha financiación.

El mercado secundario organizado: la bolsa

Las acciones y obligaciones, que previamente ya fueron emitidas en el mercado primario, se negocian en los mercados secundarios, y aunque dichos títulos fueron emitidos por las empresas o el Estado, estas instituciones no están envueltas directamente en su negociación y, por tanto, no reciben ningún dinero por dichas transacciones.

Al mercado secundario mejor organizado se le denomina mercado de valores o *bolsa de valores* y de su buen funcionamiento depende, en gran medida, la eficacia del mercado primario de emisión, ya que, si el mercado de valores funcionara mal, la dificultad de revender los títulos adquiridos en el mercado primario haría que muchos potenciales inversores se resistiesen a adquirir los títulos emitidos por las instituciones debido al riesgo inherente de no poder revenderlos cuando desearan. Esto pondría en grave peligro la capacidad de financiamiento de las inversiones a largo plazo que las instituciones emisoras pensaban acometer. Éste es el problema que tienen aquellas empresas que no cotizan en la bolsa, y es que sus socios saben que les va a ser difícil, o muy difícil, deshacerse de su inversión cuando lo deseen por la dificultad de encontrar un comprador.

Por otra parte, los gestores de las instituciones emisoras de los títulos pueden contemplar qué es lo que opina el mercado financiero sobre su forma de gestionar dichas instituciones, a través del análisis del comportamiento del precio en el mercado secundario de los activos financieros que ellos emitieron. Tal información les ayuda a valorar cómo están gestionando los fondos que ellos recaudaron en el mercado primario, al mismo tiempo que les indica cuán receptivos están los inversores a posibles nuevas ofertas de activos financieros.

Por ello, entre las funciones que deben tener los mercados de valores conviene destacar:

a) La de proporcionar liquidez a las inversiones en acciones y obligaciones.
b) La de permitir a los inversores participar en la gestión de las empresas (al adquirir acciones ordinarias tienen derecho a votar en la Junta General de Accionistas de la empresa emisora).
c) La de valorar los activos financieros que se negocian.
d) La de actuar como barómetro de la economía nacional.

En España, los mercados secundarios organizados están regulados por la Ley del Mercado de Valores (Ley 24/1988), la cual se adapta a las Directivas emitidas al efecto por la Unión Europea. La Bolsa de Madrid fue creada en 1831, la de Bilbao en 1890, la de Barcelona en 1915 y la de Valencia en 1980. Las bolsas españolas nacieron con retraso con respecto a las de otros países como, por ejemplo, la de Amsterdam (1611), París (1724), Londres (1773) y Nueva York (1792), por sólo citar cuatro. Actualmente las Bolsas más importantes del mundo son: la *New York Stock Exchange* (NYSE), la *International Stock Exchange* de Londres, y el *Kabuto Cho,* de Tokio. En España, la de Madrid reúne el 80% de la contratación española (aproximadamente la Bolsa de Nueva York vale 20 veces más que la de Madrid y el doble que la de Londres).

Las funciones de supervisión e inspección de los mercados de valores españoles corre a cargo de la *Comisión Nacional del Mercado de Valores* (CNMV), que se rige mediante un consejo designado por el Gobierno y cuyo objetivo es velar para que exista una correcta formación de los precios y una total transparencia en el mercado de valores.

Para que una sociedad anónima pueda solicitar su *admisión a cotización* en la Bolsa de Madrid deberá cumplir una serie de requisitos, entre los que merecen destacarse el disponer de un capital mínimo de 200 millones de pesetas (sin tener en cuenta la parte en posesión, directa o indirectamente, de los accionistas con participación igual o superior al 25%), que los socios con participación inferior al 25% sean por lo menos cien y que los beneficios de los dos últimos ejercicios consecutivos (o en tres de los últimos cinco ejercicios) hayan sido suficientes para repartir un dividendo del 6% del capital social desembolsado. Además, existe un requisito informativo consistente en haber publicado los estados financieros correspondientes a los tres ejercicios anteriores a la solicitud de admisión a cotización oficial.

Mercado continuo y mercado de corros [2]

El denominado *mercado continuo* de la Bolsa de Madrid [3] agrupa a más de un centenar de empresas elegidas porque tanto su *volumen de contratación* (número de acciones que se negocian diariamente por término medio) como su *frecuencia de cotización* (días a lo largo de un año en que los títulos se negocian) son bastante grandes. En dicho mercado la cotización tiene lugar ininterrumpidamente desde las 10 hasta las 17 horas a través de un sistema de comunicaciones de tipo informático al que pueden acceder los intermediarios financieros autorizados para realizar las operaciones de compraventa. Por otra parte, el *mercado de corros* agrupa a las empresas que no cumplen los requisitos mínimos para acceder al continuo. Dicho mercado se realiza a lo largo de un corto período de tiempo (10-20 minutos diarios para cada sector económico cotizado) utilizándose el sistema de «viva voz», donde los agentes, colocados en forma de corro, vocean los precios de las acciones y casan las operaciones entre ellos.

Para aquellas sociedades anónimas de tipo medio que no cumplan los requisitos de capital señalados anteriormente pero superen los 25 millones de pesetas y quieran cotizar en el mer-

---

[2] Para más información consúltense los epígrafes segundo y cuarto del capítulo siguiente.

[3] El mercado continuo es gestionado por una sociedad formada por las cuatro bolsas españolas.

cado de valores existe el denominado *segundo mercado* de la Bolsa de Madrid.

¿Cómo se negocian los títulos?

Si usted decide invertir un millón de pesetas en la adquisición de acciones ordinarias deberá, primeramente, contactar con una *agencia de valores y bolsa*[4] (los bancos comerciales más importantes tienen una agencia propia). Este tipo de intermediario financiero tiene como misión adquirir o vender títulos en el mercado de valores por cuenta ajena, es decir, no pueden tomar posiciones (negociar) por cuenta propia. Si, por el contrario, están autorizadas a negociar tanto por cuenta ajena como por cuenta propia, se denominan *sociedades de valores y bolsa*.

Seguidamente usted pasará a discutir con su intermediario financiero los objetivos perseguidos con su inversión financiera, lo que implicará elegir una o más sociedades en las que invertir y el número de acciones ordinarias que deberá adquirir. Así, por ejemplo, si la agencia le recomienda adquirir Repsol porque es la compañía que mejor se adapta a sus objetivos, entonces consultará en la pantalla de su terminal que está conectada con el ordenador central del mercado continuo situado en Madrid y podrá averiguar el precio que en ese momento cuesta una acción ordinaria de Repsol bajo las siglas REP, y cuyo valor es, por ejemplo, de 3.825 pesetas. Si usted decide adquirir 250 acciones de Repsol, el agente enviará la orden de compra a través del terminal informático.

Se denomina *orden de compra* (o *de venta*) a la petición de adquisición (o venta) de títulos en bolsa que se realiza al agente intermediario. Estas órdenes deben incluir un *precio máximo* (o *mínimo* si la orden es de venta) al que el inversor está dispuesto a adquirir (o vender) los títulos. Así, por ejemplo, si la

---

[4] En terminología anglosajona, la agencia de valores y bolsa se denomina *broker* y la sociedad de valores y bolsa *dealer*.

compra de las acciones de Repsol se pudiera demorar unos minutos y no tuviésemos la seguridad de que el precio antedicho se va a mantener daríamos una orden de compra con un precio máximo de 3.840 pesetas, por ejemplo. Existe otro tipo de órdenes denominadas *por lo mejor* a través de las que se deja al agente libertad para comprar o vender al mejor precio que pueda conseguir (usted debe ser consciente de que la utilización de este tipo de órdenes conlleva un riesgo elevado). Por supuesto, por la operación de adquisición la agencia le cobrará una *comisión* (suelen oscilar entre un 1% y un 2% del valor total de la transacción según las agencias, según la clase de título adquirido y según el volumen de los mismos). Así, el coste de la operación será 250 acciones por 3.825 pesetas/acción, es decir, 956.250 pesetas, por adquirir las acciones de Repsol a lo que habrá que añadir la comisión del intermediario (que forma parte de los costes de transacción), que si es de un 1,5% implicará un valor de 14.344 pesetas. Luego el desembolso necesario para adquirir 250 acciones de Repsol más la comisión de intermediación será de 970.594 pesetas.

Otros mercados secundarios organizados en España

El mercado *AIAF* (Asociación de Intermediarios en Activos Financieros) de renta fija es un mercado secundario oficial en el que se negocian pagarés de empresa, títulos privados de renta fija a medio y largo plazo, y bonos *matador* (bonos emitidos en pesetas por prestatarios internacionales de reconocida solvencia). Este mercado se creó para que los intermediarios financieros pudieran operar entre sí con renta fija privada con mayor liquidez y menores costes que en las bolsas de valores.

En el *mercado de deuda pública* en anotaciones se negocia la mayor parte de la deuda pública que está representada mediante anotaciones en cuenta (es decir, que los títulos figuran en un soporte informático). Su organismo rector es la Central de Anotaciones, que gestiona las emisiones de deuda, su amortización, los pagos de intereses y las transferencias de saldos por operaciones en el mercado secundario.

Mercados secundarios extrabursátiles (OTC)

A los mercados secundarios no organizados se les denomina extrabursátiles o, también, OTC, que son las siglas en inglés de *over the counter*. Estos mercados suelen estar formados por bancos y otros intermediarios financieros que se encuentran conectados entre sí a través de sofisticados sistemas de comunicaciones. Muchos mercados financieros organizados nacieron a partir de mercados OTC que llegaron a tener tanta importancia que se convirtieron en mercados oficiales. A veces es muy difícil saber si un mercado OTC no es realmente un mercado organizado; así, por ejemplo, en la Bolsa de valores americana denominada NASDAQ (National Association of Securities Dealers Automatic Quotation) y radicada en Nueva York cotizan más de 3.800 títulos aunque está preparada para que coticen cuatro veces más. Hay mercados OTC en acciones, bonos, productos derivados, divisas, mercancías, etc.

La globalización de los mercados financieros

La globalización de los mercados financieros hace referencia a su integración a través del mundo en un mercado financiero internacional, lo que permite a las instituciones de cualquier país que busquen fondos no limitarse a localizarlos en su propio mercado doméstico.

La globalización de dichos mercados ha tenido lugar gracias a una serie de factores:

1. La desregulación o liberalización de los mercados y las actividades que los participantes en los mismos realizan en los principales centros financieros mundiales.
2. Los avances tecnológicos han permitido que los inversores e intermediarios financieros estén al tanto de lo que ocurre en los mercados mundiales, lo que les permite valorar el impacto de la información recibida en el comportamiento de sus carteras de valores. Y, además, con

dichos sistemas pueden realizar operaciones de *arbitraje*, a través de las que consiguen un beneficio sin riesgo alguno comprando un activo financiero determinado en un mercado financiero donde está barato y venderlo simultáneamente en otro mercado financiero donde está más caro.

3. La creciente institucionalización de los mercados financieros, que ha posibilitado que los inversores institucionales (fondos de pensiones, fondos de inversión, compañías de seguros, etc.) hayan pasado a dominar los mercados financieros en detrimento de los inversores individuales, puesto que aquéllos son más propensos a transferir fondos a través de las fronteras nacionales con objeto de mejorar la diversificación de sus carteras y/o beneficiarse de la infravaloración de algún activo financiero determinado en un mercado extranjero.

Los mercados financieros globales pueden clasificarse desde el punto de vista de un país cualquiera (véase la figura 1) en: mercado interior o nacional y mercado exterior o internacional.

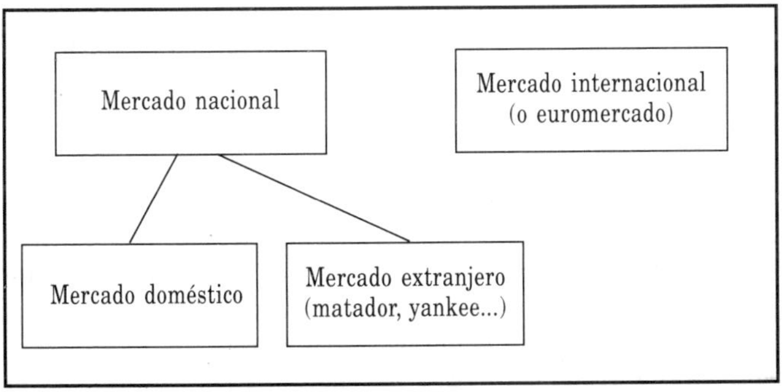

Fuente: Fabozzi, Modigliani y Ferri.

Figura 1.—Clasificación de los mercados financieros globales.

A su vez, el mercado nacional se puede descomponer en el *mercado doméstico* (donde los emisores de activos financieros residentes en el país en cuestión realizan sus emisiones y donde dichos activos se negocian) y en el *mercado extranjero* (donde se negocian los activos financieros emitidos por instituciones no residentes en el país). Un ejemplo clásico de este último son las emisiones en pesetas realizadas por instituciones no españolas y que se negocian en un mercado denominado *matador;* si las emisiones se realizan en dólares por entidades no residentes en los Estados Unidos operan en el denominado mercado *yankee;* en Japón al mercado extranjero se le denomina mercado *samurai;* en Gran Bretaña recibe el nombre de *bulldog*, en Australia es el mercado *kangaroo*, etc.

El mercado internacional (al que se suele denominar *mercado offshore* o *euromercado*) permite negociar activos financieros con dos características:

1. Los activos emitidos se ofrecen simultáneamente a los inversores que se encuentran en varios países.
2. No están sujetos a la legislación de ningún país.

Los emisores pueden estar interesados en acudir a buscar financiación en el euromercado por diversas razones. La más importante suele ser la reducción del coste de la propia financiación, puesto que, a pesar de la cada vez mayor integración de los mercados, todavía es posible encontrar financiación más barata en el exterior que en el mercado doméstico gracias a las imperfecciones que aún existen en este tipo de mercados.

Otra de las razones es la de la búsqueda de una mayor diversificación de las fuentes financieras de los emisores, que ven así reducirse la dependencia de sus propios mercados nacionales. La tercera razón es que conseguir financiación en el euromercado es más fácil que hacerlo en el nacional, sobre todo debido a la gran cantidad de fondos solicitados por el emisor que sería muy difícil de lograr en el mercado local. Otro motivo también muy esgrimido por los emisores internacionales suele ser la presencia de compañías filiales, matrices, etc., en el país del prestatario. La posibilidad de atraer nuevos inversores y la publicidad de la propia compañía emisora son otras razones para emitir en el euromercado.

Los inversores y sus motivaciones

Hay dos tipos de inversores en los mercados de valores: el institucional y el individual. El *inversor institucional* es una organización que invierte su propio dinero o el de otras instituciones o personas. Como ejemplo de este tipo de instituciones podemos señalar: compañías de seguros, fundaciones, fondos de pensiones, fondos de inversión, bancos comerciales, etc. Este tipo de inversores adquiere o vende grandes cantidades de títulos en cada transacción (como mínimo 10.000 títulos) y, en general, suelen ser los culpables de más de dos tercios del total de las transacciones en los mercados de valores.

Los *inversores individuales* adquieren o venden títulos en cantidades mucho menores que los anteriores. Ahora bien, su importancia es notoria pues muchas personas operan en el mercado de valores, no directamente, sino a través de inversores institucionales y, por tanto, sus gustos o necesidades no deben ser ignorados por las instituciones inversoras ni por el mercado.

Los inversores compran y venden títulos por varios motivos: crecimiento, rentabilidad, seguridad, especulación y control.

Inversión. Consiste en la adquisición de activos financieros (acciones y obligaciones, por ejemplo) que, además de proporcionar una cierta seguridad, proporcionen unos flujos de caja que compensen el riesgo asociado a la operación. Los inversores propiamente dichos suelen perseguir algunos o todos de los siguientes objetivos: crecimiento del valor de su inversión, rentabilidad y seguridad.

Crecimiento. Los inversores que eligen el crecimiento como objetivo primario de su inversión seleccionarán aquellas compañías cuyos beneficios han aumentado en el pasado y aún se espera que continúen haciéndolo a buen ritmo en el futuro. Los inversores deberían beneficiarse de dicho crecimiento en los beneficios al ver cómo aumenta el valor de mercado de sus acciones.

Rentabilidad. La rentabilidad de una inversión en acciones viene dada por el montante de dividendos repartidos y por el valor de mercado de la acción que se posea. Por ello un cierto número de inversores que no piensan vender sus acciones invierte en compañías que tradicionalmente reparten buenos dividendos, es decir, que proporcionan unos buenos *rendimientos* sobre dividendos (éste se calcula dividiendo el dividendo repartido anualmente entre el precio de mercado del título, y se expresa en tanto por ciento).

Seguridad. Hay inversores que buscan ante todo seguridad en sus inversiones financieras, por lo que procurarán invertir primeramente en obligaciones de alta calidad (que son las emitidas por el Estado o por las compañías más saneadas) o en acciones preferentes y, si fuese necesario, en acciones ordinarias de las empresas más seguras.

Especulación. Consiste en comprar o vender títulos con la esperanza de obtener el mayor beneficio posible en el menor tiempo. El especulador es necesario en los mercados de valores, pues es el encargado de proporcionar liquidez al mismo; así, por ejemplo, supóngase que los inversores piensan en su gran mayoría que se avecinan malos tiempos para la economía nacional y lo más aconsejable es vender las acciones, pero como casi todos piensan lo mismo, ¿quién va a desear adquirir los títulos que la mayoría quiere vender? La respuesta es el especulador. Por ello, si éste no existiera el mercado de valores no tendría liquidez y le faltaría una de sus funciones básicas[5].

No hay que confundir al especulador con el arbitrajista; el primero corre un riesgo, no así el segundo. El *arbitraje* consiste en negociar con el mismo activo financiero en dos mercados

---

[5] Claro que tan malo para un mercado de valores es la falta de especulación (pues falta liquidez) como la abundancia de la misma, que llevaría a que no se sepa realmente el valor de los títulos que se negocian en el mercado, con lo que fallaría otra función de los mercados de valores: la de valoración.

Tabla 3

Objetivos de inversión

Títulos	Seguridad	Rendimiento	Crecimiento
Obligaciones	Mucha	Bastante constante	Normalmente nulo
Acc. preferentes	Buena	Constante	Variable
Acc. ordinarias	Menos	Variable	Bastante

distintos al mismo tiempo; procederá a comprar el activo en el mercado en el que esté más barato vendiéndolo, seguidamente, en el que está más caro. Todo el proceso se realiza instantáneamente, por lo que no hay riesgo. Los arbitrajistas son los que hacen que los mercados financieros se muevan al unísono al aprovecharse de las diferencias de valoración de los activos cotizados en cada uno de ellos.

Control. Los inversores que adquieren acciones ordinarias por este motivo persiguen hacerse con el control de la empresa, por ello adquirirán un gran número de títulos que les permita al menos tomar parte en su gestión, cuando no dirigirla directamente. En algunos casos esta compra de acciones desemboca en una lucha abierta entre varios grupos que desean hacerse con el control de la empresa. A este tema dedicaremos el apartado siguiente.

La lucha por el control de la empresa

Uno de los aspectos de la vida empresarial que más noticias de prensa y que más alboroto causa en los mercados financieros es la lucha por el control de una empresa o por el *control corporativo.*

Tal vez la operación más famosa del control corporativo sea la OPA, es decir, la *oferta pública de adquisición de acciones;* ésta tiene lugar obligatoriamente cuando un accionista desea poseer más del 25% de las acciones de una empresa que cotiza en el mercado de valores o cuando la directiva decide que la misma deje de cotizar en Bolsa (en cuyo caso la OPA recibe el nombre de *oferta pública de exclusión* u OPE). La OPA debe presentarse ante la CNMV y en ella se especifica el número máximo y mínimo de acciones que se desea alcanzar y el precio que se ofrece pagar por ellas.

Si el equipo directivo de la empresa está a favor de la OPA y recomienda a los accionistas que vendan sus acciones al oferente, se dice que es *amistosa;* si no fuese así, recibiría el nombre de *hostil*. Los accionistas tienen entre uno y dos meses de plazo para decidir si venden o no sus acciones al oferente. Podría ocurrir que existiesen varios oferentes; entonces sus OPA se denominarían *competidoras*. A continuación se relata de forma muy escueta una reciente operación de este tipo acaecida en España:

— 4 de octubre de 1996: Fertiberia presenta una OPA sobre la totalidad de las acciones de Sefanitro con un precio de 500 pesetas/acción. Límite mínimo: el 51% de las acciones (886.515 acciones).

— 12 de noviembre de 1996: Alianza Empresarial presenta una OPA competidora sobre la totalidad de las acciones de Sefanitro con un precio de 600 pesetas/acción. Límite mínimo: el 51% de las acciones (886.515 acciones). La CNMV aprueba la OPA el 21 de noviembre.

— 23 de noviembre de 1996: Fertiberia mejora su oferta inicial y la eleva a 630 pesetas/acción (como mínimo un 5% superior a la de Alianza Empresarial, como marca la Ley). Unos días después la CNMV aprueba esta nueva OPA.

— Primera semana de diciembre: La AIE, principal accionista de Sefanitro con un 51% de las acciones, se decanta por la OPA de Fertiberia.

El primer argumento a favor de las adquisiciones de grandes paquetes de acciones ordinarias que permitan el control de una empresa estriba en que son buenas para la eficiencia industrial: sin la amenaza de la compra de la empresa y la posibilidad de perder sus empleos, los principales directivos (si no son los propietarios de la empresa) actuarían más a favor de sus propios intereses que en consonancia con los de los accionistas (que al fin y a la postre son quienes les pagan sus sueldos). Lo que implicaría un uso ineficiente de los recursos empresariales y una falta de interés por el valor de mercado de las acciones de la empresa, teniendo en cuenta que éste es un signo de la vulnerabilidad de la empresa hacia una toma de control externa. En todo caso, una OPA, sobre todo si es hostil, es beneficiosa para los accionistas de la empresa a la que se dirige porque éstos van a poder vender sus acciones a un precio superior al que cotizan en la Bolsa (a la diferencia entre el precio ofertado por cada acción y su precio de cotización, el día que se presenta la OPA, se le denomina *prima*).

Por otra parte, se ha argumentado que la amenaza de una adquisición impulsa al equipo directivo a dirigir la empresa pendiente del corto plazo: impulsando el precio de las acciones lo más arriba posible, invirtiendo inadecuadamente para el futuro o, incluso, aumentando el endeudamiento de la compañía hasta límites peligrosos para su supervivencia futura con objeto de hacerla menos atractiva a los potenciales adquirentes.

El tipo de interés

Imagínese un mundo idílico en el que no exista ese proceso continuado de alza de precios que nosotros conocemos con el nombre de *inflación*. Las empresas, las personas, el Estado, etc., pedirían prestado dinero a las instituciones financieras, a otras empresas, a las personas, etc., con objeto de realizar inversiones públicas o privadas. Y para que no tuvieran la tentación de consumir toda la renta de que dispusieran, sino que se la prestaran, les ofrecerían un pago denominado *interés*. Es decir, si usted tiene ahora mismo 10.000 pesetas, puede emplearlas en adquirir algún bien o servicio, o bien, entre otras posibilidades, puede prestárselas al Estado invirtiéndolas en Bonos del Estado a tres años, por lo que recibirá anualmente 300 pesetas en concepto de compensación por sacrificarse y no consumir su renta totalmente.

Pero, ¿por qué recibir un 3% (300 pesetas)?, ¿por qué no un 2%, o un 7%? Resumiendo, ¿qué es lo que determina el tipo de interés en ese mundo sin inflación? De acuerdo con las ideas expuestas por el economista americano Irving Fisher, el tipo de interés real viene determinado por el precio que iguala la demanda y la oferta de recursos financieros (véase la figura 2).

La *demanda* de recursos financieros viene determinada por las oportunidades de inversión productiva que tienen la totalidad de las empresas y el Estado. Téngase en cuenta que éstas elegirán sólo aquellas inversiones cuya rentabilidad supere al coste de financiarlas. La suma de todas esas inversiones elegidas indica la demanda de fondos necesarios para llevarlas a cabo. Así que las oportunidades de inversión de las empresas y, por ende, la demanda de recursos financieros son una función inversa del tipo de interés (cuanto más bajo esté, mayores inversiones se podrán acometer y lo contrario). Las organizaciones, públicas o privadas, recaban financiación a través de la emisión y venta de títulos de renta fija o variable o a través de la solicitud de préstamos.

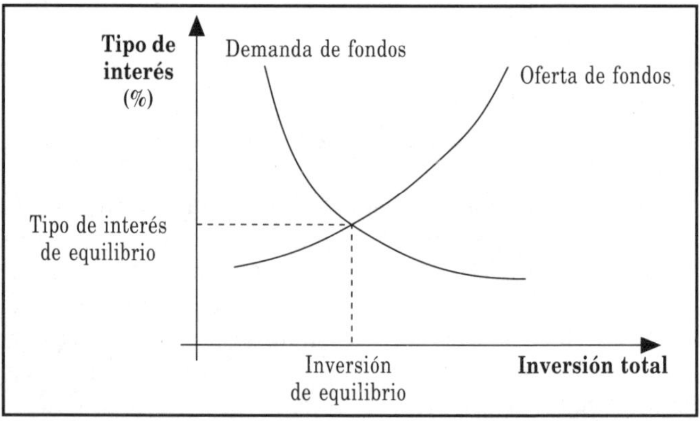

Figura 2.—La determinación del tipo de interés como contraposición de la oferta y demanda de recursos financieros.

La *oferta* de recursos financieros depende de la cantidad que están dispuestos a ahorrar e invertir los individuos y las instituciones, lo cual es una función directa del tipo de interés (las personas estarán más dispuestas a ahorrar cuanto más se les remunere su sacrificio, y viceversa). Una forma que tienen las personas o las instituciones de proporcionar financiación es mediante la suscripción o adquisición de títulos de renta fija o variable, así que la compra de títulos es una forma de oferta de capital. También pueden depositar su dinero en las entidades financieras.

En nuestro mundo sin inflación una persona que poseyese tres millones de pesetas podría comprarse un coche de su marca favorita, tanto en el momento actual como dentro de un año, puesto que no hay alza de precios. Ahora bien, por sacrificarse y esperar un año para adquirir el vehículo el Estado le paga, por ejemplo, 90.000 pesetas (un 3% de interés). Así que, para nuestro inversor, la compra actual de un coche equivale a comprarlo dentro de un año y además recibir 90.000 pesetas.

Es importante que usted entienda que si una persona, a la que denominaremos Pepe, posee tres millones de pesetas y los guarda en su casa durante un año, al final de éste su capital será el mismo. Por otra parte, otra persona, Lola, cede durante un año sus tres millones de pesetas al Estado por lo que recibirá al final de dicho período, además de su capital inicial, 90.000 pesetas en concepto del sacrificio que Lola ha tenido que sufrir por no utilizar su dinero en adquirir algún bien o servicio. ¿Cuál sería su respuesta a la siguiente pregunta: ha ganado Lola o ha perdido Pepe? Realmente Pepe ha perdido; veamos por qué.

Tanto Lola como Pepe tienen la misma oportunidad de invertir en dos proyectos alternativos ninguno de los cuales tiene riesgo. Ambos pueden invertir su dinero ya sea depositándolo en una caja fuerte en su casa, o bien prestándoselo al Estado durante un año al 3% de interés. Así que, si se elige la primera opción, se estarán dejando de ganar 90.000 pesetas; por otra parte, si se elige la segunda alternativa se estarán dejando de recibir las cero pesetas que la caja fuerte nos paga.

A lo que se deja de recibir al optar por una alternativa determinada se le denomina *coste de oportunidad*. Se deberá elegir la alternativa cuyo coste de oportunidad sea menor, es decir, la inversión en títulos del Estado. Comoquiera que la mayoría de los españoles pueden invertir en títulos del Estado, aquel que pudiendo hacerlo no lo haga y coloque su dinero en la caja fuerte de su casa estará perdiendo dinero, mientras que los que se lo presten al Estado, desde el punto de vista financiero, ni ganan ni pierden.

La existencia de la inflación

Volvamos a nuestro ejemplo pero suponiendo que en nuestro país hay una *inflación* anual esperada del 4%. Así que un coche que ahora vale tres millones de pesetas, pasado un año valdrá 3,12 millones. Para que a nuestro inversor le siga siendo indiferente adquirir el vehículo hoy o dentro de un año, ya no basta con pagarle un 3% de interés, sino que además hay que compensarle por la pérdida de poder adquisitivo debida a la existencia de la inflación. Parecería lógico pagarle un 7% de interés, pues recibiría al final del año 210.000 pesetas (120.000 para compensar la inflación y 90.000 de intereses); pero las 90.000 pesetas de intereses también han sufrido una pérdida de poder adquisitivo (nuestro inversor podría comprarse algún extra para su vehículo, que sin inflación valdría 90.000 pesetas, pero que con inflación vale un 4% más: 93.600 pesetas). Así que habría que pagarle 213.600 pesetas en concepto de intereses, es decir, un 7,12%. Esta cifra se puede calcular haciendo la siguiente operación:

$$(1 + \text{Tipo nominal}) = (1 + \text{Tipo real}) \times (1 + \text{Tasa de inflación})$$

$$\text{Tipo nominal} = \text{Tipo real} + \text{Tasa de inflación} + \\ + (\text{Tipo real} \times \text{Tasa de inflación})$$

así que el tipo nominal será igual a: $0{,}03 + 0{,}04 + (0{,}03 \times 0{,}04) = 0{,}712$, es decir, el 7,12%.

Veamos un caso práctico. En el momento de escribir este trabajo las letras del Tesoro a un año de plazo están pagando un 6% de interés anual; si suponemos que para el próximo año se espera una inflación del 2,5%, podemos calcular el tipo de interés real que está pagando el Estado español: 3,4%. Si el Ejecutivo sigue pensando en pagar este interés real durante los próximos años, bastaría con saber cuál es la inflación que él espera para conocer el tipo de interés nominal de las letras del Tesoro en los próximos años.

Resumiendo, el tipo de interés nominal, en un mundo de certeza o sin riesgo, es función de la inflación y del tipo de interés real. Así que, cuando digamos que el tipo de interés de una emisión del Estado es, por ejemplo, del 6%, estamos incluyendo el valor real del mismo y la inflación anual esperada.

Algunas consideraciones sobre el tipo de interés

El tipo de interés es, pues, el precio del dinero. Si éste se encarece será más difícil realizar inversiones porque su rentabilidad no podrá compensar el coste de su financiación y, por tanto, se generará más desempleo. Las empresas no sólo no crecerán, sino que tenderán a reducir su valor. El resultado de todo ello se observa en la Bolsa; cuando los inversores piensan que el tipo de interés va a subir, automáticamente proceden a vender sus acciones y obligaciones, porque no quieren poseer participaciones de compañías que van a perder valor, con lo que el mercado de valores toma una tendencia bajista que refleja dicha expectativa negativa (es importante que sea consciente de que el mercado de valores se anticipa a los movimientos de los tipos de interés y no al revés).

Si, por el contrario, el tipo de interés tiende a bajar, ello significará que va a ser más barato acometer proyectos de inversión productivos, lo que hará crecer a las empresas (y, por tanto a la economía nacional) y a la generación de empleo, porque si las empresas aumentan de tamaño necesitarán más trabajadores. Cuando el mercado de valores cree detectar esta tendencia bajista de los tipos de interés procede a comprar acciones y obligaciones para tomar posiciones de cara al crecimiento futuro de las empresas, impulsando una tendencia alcista de dicho mercado que refleja la expectativa anteriormente comentada.

En el momento de escribir estas líneas (primeros días del año 1997) el mercado de valores español tiene una clara tendencia alcista que refleja la esperanza de la entrada de España en la Unión Económica y Monetaria europea. Para cumplir este ideal una de las condiciones es que el tipo de interés español debe estar a menos de dos puntos porcentuales de la media de los tres países que tengan los menores tipos de interés de la Unión Europea. Es decir, el tipo de interés español debe descender claramente para cumplir dicho requisito. El mercado de valores cree posible la hazaña y, por tanto, refleja la creencia en dicho descenso futuro del precio del dinero; además de que al entrar en la UEM sólo existirá una moneda, el *euro,* y un único de tipo de interés, que será inferior al que actualmente tenemos en España, un motivo más para esperar un mayor crecimiento de nuestras inversiones, de nuestras empresas y de nuestra economía. Resultado: la Bolsa toma una tendencia alcista.

La estructura temporal de los tipos de interés

Puede que el lector haya deducido, a través de la lectura del epígrafe anterior, que el tipo de interés es único en cada momento del tiempo; pues nada más lejos de la realidad, dado que en cada instante hay varios tipos de interés que dependen del plazo al que deseemos invertir y del riesgo que estamos dispuestos a afrontar.

Para no complicar demasiado la exposición vamos a suponer que la inversión carece de *riesgo de insolvencia,* es decir, que todo lo que nos han prometido que vamos a recibir nos va a ser pagado efectivamente. Este tipo de inversión es el que se produce cuando adquirimos cualquier emisión del Estado: letras del Tesoro, bonos y obligaciones del Estado, debido a que es la única institución emisora dentro de España que puede garantizar en su totalidad y con un cien por cien de fiabilidad que va a pagar lo prometido. Por ello se dice que las inversiones en deuda pública están *libres de riesgo* en el sentido de que carecen del mismo. Evidentemente, lo dicho para el caso español se puede ampliar para cualquier otro país de corte occidental.

Cuando se producen las subastas de activos financieros emitidos por el Estado se puede observar cómo el tipo de interés no es el mismo aunque dichos activos carecen de riesgo; la razón estriba en que cada uno tiene un plazo de vencimiento distinto. Así, en la tabla 4 se puede observar el tipo de interés y el plazo de los activos financieros emitidos por el Estado el día 15 de noviembre de 1996 (el importe emitido está en miles de millones de pesetas y los tipos de interés marginales y medios están en tanto por ciento). Para que se vea de una forma más clara vamos a representar en la figura 3 el tipo de interés marginal y el plazo de emisión. A dicha figura se la conoce con el nombre de estructura temporal de los tipos de interés (o por sus iniciales: ETTI).

La *estructura temporal de los tipos de interés* analiza la relación entre el tiempo que resta hasta el vencimiento de las diversas obligaciones o bonos, y sus rendimientos durante

Tabla 4

Últimas subastas de Deuda del Estado

	15 nov.	Importe MM de ptas.	T/i Marginal %	T/i Medio %
Letras 6 meses	15 oct.	166,196	6,581	6,581
Letras 1 año	31 oct.	256,325	6,508	6,494
Bonos 3 años	15 nov.	222.402	6,829	6,819
Bonos 5 años	15 nov.	186,637	6,907	6,900
Obl. 10 años	15 nov.	152,018	7,804	7,798
Obl. 15 años	15 nov.	20,565	7,638	7,611

Fuente: InterMoney (*Cinco Días,* 18 de noviembre de 1996).

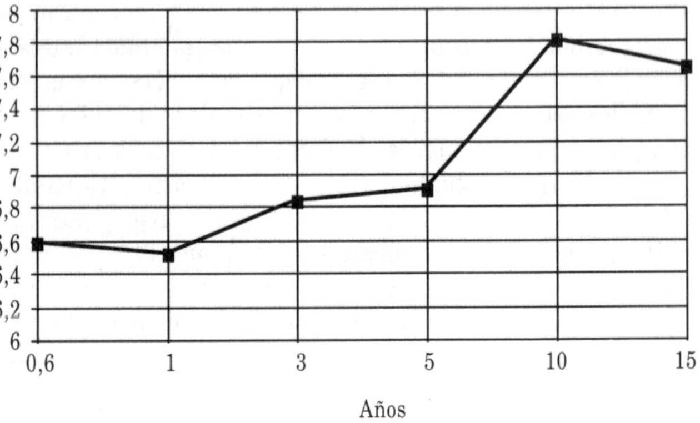

Figura 3.—Estructura temporal de los tipos de interés de la deuda pública española (15 de noviembre de 1996).

dicho plazo siempre que todos ellos tengan el mismo grado de riesgo (también se la denomina *curva de rendimientos*). Así, en la figura 3 podemos observar cómo el tipo de interés que el Estado paga a un año de plazo es del 6,5%, mientras que el que paga a 10 años es del 7,8%, es decir, hay un diferencial del 1,3% entre ambos plazos.

Evidentemente, la estructura temporal de los tipos de interés de cada país es diferente; así, en la tabla 5 se muestran los vencimientos de la deuda pública de una serie de países a uno, a cinco y a diez años; tanto el propio día 15 de noviembre de 1996 como un mes antes, e incluso el 15 de noviembre del año anterior. En la figura 4 se observa un gráfico representativo de la ETTI de los países mostrados en la tabla 5, el día 15 de noviembre, con objeto de poder comparar los diferenciales entre los tipos de interés de los diversos Estados en cada uno de los tres plazos.

Como es lógico, la forma de la estructura temporal cambia sustancialmente con el transcurso del tiempo. Ésta suele tener más una forma ascendente que descendente, es decir, que los rendimientos a largo plazo suelen ser más altos que los del corto

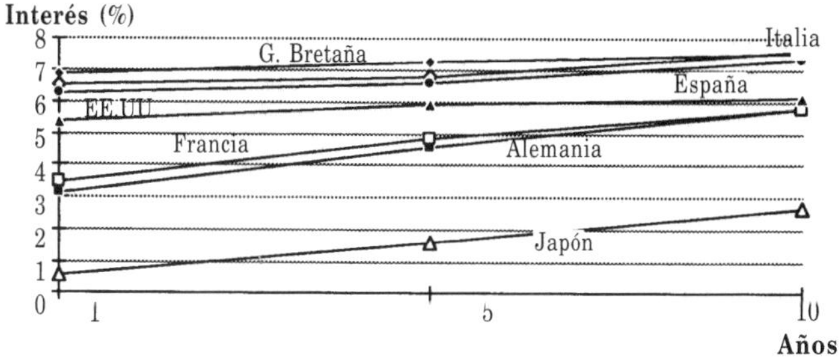

Figura 4.

plazo. Una de las razones puede ser que el mercado anticipa de alguna manera la tendencia alcista en el nivel general de los tipos de interés que ocurren sobre un período. En todo caso, una estructura descendente indicará que el mercado espera una caída de los tipos de interés.

En la figura 5 se muestran algunas formas de la ETTI. Así, la *estructura plana* es indicativa de que el tipo de interés es único sea cual sea el vencimiento de la emisión de renta fija. La *curva decreciente* (también llamada estructura inversa o curva negativa) corresponde al hecho de que los tipos de interés a corto son más elevados que los tipos a largo plazo; este tipo de gráfica es algo anormal. La *curva creciente* (conocida como estructu-

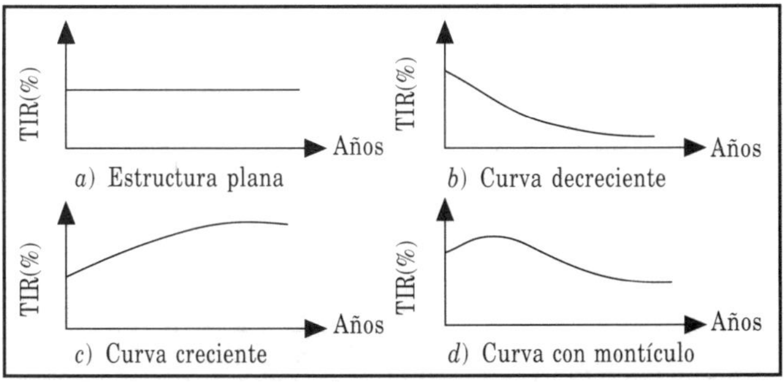

Figura 5.— Algunos tipos de estructuras temporales de tipos de interés.

Tabla 5

Deuda Pública Internacional

	1 año			5 años			10 años		
	15 nov.	Hace un mes	Hace un año	15 nov.	Hace un mes	Hace un año	15 nov.	Hace un mes	Hace un año
Alemania	3,18	3,10	3,80	4,56	4,90	5,11	5,82	5,98	6,32
Francia	3,48	3,57	5,31	4,84	4,97	6,20	5,82	5,91	6,97
G. Bretaña	6,87	6,17	6,68	7,29	6,88	7,10	7,57	7,41	7,72
Italia	6,56	7,46	10,54	6,83	7,60	11,21	7,60	8,21	11,61
EE. UU.	5,39	5,56	5,41	5,92	6,29	5,67	6,15	6,55	5,91
Japón	0,56	0,62	0,56	1,57	1,66	1,40	2,66	2,80	2,96
España	6,25	6,54	9,46	6,57	6,85	10,18	7,31	7,69	10,58

Fuente: InterMoney (*Cinco Días,* 18 de noviembre de 1996).

ra normal o curva positiva) es la forma más usual y la que parece más lógica. La *curva decreciente con montículo* es indicativa de que ciertos plazos intermedios son más caros o baratos, según los casos, que los inmediatamente anteriores y posteriores, lo que puede deberse a razones técnicas o económicas diversas.

La curva de los rendimientos varía un poco cada día según cambian los tipos de interés del mercado. Además, existen diferentes curvas de rendimiento para cada clase de riesgo de insolvencia, de tal manera que a mayor riesgo la curva de rendimientos deberá estar situada encima de las de menor riesgo, lo que es indicativo de tener que ofrecer un rendimiento superior que compense el incremento de riesgo.

Resumen

1. Los activos financieros proporcionan a sus propietarios el derecho a recibir los flujos de caja futuros generados por el emisor, así como el valor de liquidación del activo. Pueden ser de propiedad (acciones) y de deuda (bonos u obligaciones y préstamos).
2. Los mercados financieros proporcionan las tres funciones siguientes: *a*) un mecanismo para determinar el precio de los activos financieros en él negociados; *b*) liquidez a los activos financieros, y *c*) reducen los costes de transacción de los activos (costes de búsqueda y de información).
3. Es en el mercado primario donde las empresas, las instituciones o el Estado emiten por vez primera sus activos financieros (acciones o bonos) con la ayuda de los bancos de inversión.
4. Es en el mercado secundario o bolsa de valores, donde los inversores compran y venden los activos previamente emitidos por las instituciones públicas o privadas en el mercado primario.

5. La noción de que el dinero tiene un *valor temporal* es uno de los conceptos básicos de las finanzas. Y en un mundo de completa certeza, la *tasa de interés* representa la relación de intercambio entre el valor del dinero en dos momentos determinados del tiempo. Por tanto, la tasa de interés proporciona la herramienta que necesitamos para ajustar el valor de todos los flujos de fondos a un sólo momento común, independientemente del momento en que se espera que ocurran.
6. Pero el tipo de interés no es el mismo según el plazo al que se desee colocar el dinero, lo que se puede ver a través de la estructura temporal de los tipos de interés.

Renta variable: acciones

Después de leer este capítulo usted deberá comprender:

- Qué es la Comisión Nacional del Mercado de Valores y la regulación de la información.
- El funcionamiento del mercado continuo español.
- La información bursátil en la prensa financiera.
- La valoración de los derechos de suscripción.
- El funcionamiento del mercado de corros.
- La composición de los índices bursátiles: IGBM e Ibex-35.

❖ ❖ ❖

La información bursátil

A principios del siglo pasado (en 1815) vivía en Londres Nathan Roshtchild. Tenía fama entre sus amigos de ser un hombre muy bien informado ya que, según se decía, contaba con una red de espías y agentes distribuidos por toda Europa. Alertado ante el hecho de que Napoleón había abandonado la isla de Elba (dando comienzo a los famosos Cien Días), se unió a las fuerzas británicas y presenció el comienzo de la batalla de Waterloo. Inmediatamente se percató de cuál sería el desenlace final de la batalla y emprendió el regreso a Inglaterra tan pronto como pudo. En Londres se daba por sentada la victoria de Napoleón, opinión que había provocado un hundimiento generalizado de los precios bursátiles. Nada más llegar, Roshtchild ordenó a sus agentes comprar todo el papel que estaba a la venta y él mismo, al día siguiente, dio la noticia de la derrota de Napoleón. La reacción al alza de la Bolsa no se hizo esperar y le supuso unas ganancias de más de un millón de libras de aquella época.

En el caso de disponer de una posibilidad como la de Roshtchild, convendría conocer cómo regula la Ley del Mercado de Valores, de 28 de julio de 1988, el tratamiento de la información. A continuación se destacan las partes más interesantes:

a) Obligaciones de la Comisión Nacional del Mercado de Valores (CNMV) e información pública de operaciones:

En el artículo 13 se dice: «La CNMV velará por la transparencia de los mercados de valores, la correcta formación de los precios en los mismos y la protección de los inversores, promoviendo la difusión de cuanta información sea necesaria para la consecución de estos fines». En el artículo 43 se identifica como información pública la correspondiente a los datos fundamentales de las operaciones bursátiles desde el mismo momento en que se producen.

b) Obligaciones de información de las entidades admitidas a negociación:

En el artículo 35 se habla de que las entidades emisoras de valores admitidos a negociación «deberán hacer público, con carácter trimestral, un avance de sus resultados y otras informaciones relevantes. En todo caso, con carácter semestral, harán públicos sus resultados financieros completos, con un detalle similar al requerido para sus estados anuales».

c) Participaciones significativas de accionistas:

En el artículo 53 se obliga a quien, directa o indirectamente, adquiera acciones por un porcentaje de capital suscrito superior al 5% de una sociedad admitida a negociación a informar a: la sociedad afectada, a la CNMV y a la Bolsa correspondiente, quienes a su vez deberán hacer pública dicha información.

d) Obligaciones de información de las bolsas de valores.

En el artículo 14 del Real Decreto de 23 de junio de 1989 sobre Sociedades Rectoras y miembros de las Bolsas, se recogen las funciones de recepción y difusión de información de las bolsas de valores:

— Recibir y tener a disposición del público la información relativa a las entidades admitidas a cotización.

— Recibir y hacer pública análoga información relativa a las Sociedades y Agencias miembros de su respectiva Bolsa.

— Establecer los sistemas precisos para que alcancen una difusión efectiva cuantos datos e informaciones deban ser hechos públicos.

— Publicar diariamente un boletín de cotización.

e) Información privilegiada.

En el artículo 81 se define como: «toda información de carácter concreto que se refiera a emisores o valores, que no se haya hecho pública, y que de haberse hecho pública, podría o habría podido influir de manera apreciable sobre la cotización de esos valores».

A este respecto se advierte que, todo aquel que tenga información privilegiada, no sólo el que ejerza actividades relacionadas con los mercados, deberá salvaguardarla e impedir que pueda ser objeto de utilización abusiva y desleal denunciando los casos que hubieran tenido lugar. Y más adelante, el que disponga de alguna información privilegiada deberá abstenerse de: realizar cualquier tipo de operación, comunicar dicha información a terceros o recomendar a un tercero que realice operaciones a partir de dicha información.

Como resumen, cabe decir que el propósito de la Ley es garantizar la transparencia e igualdad de oportunidades para todos los participantes del mercado. Esta función de vigilancia y supervisión del mercado de valores está encomendada a la CNMV, que es un ente de derecho público con personalidad jurídica propia, que, además, tiene la facultad de sancionar de acuerdo con lo que las leyes fijan. La CNMV tiene como funciones generales: velar por la transparencia del mercado, hacer cumplir las normas de conducta establecidas por parte de cuantos intervienen en las operaciones, dictar, a través de sus circulares, las disposiciones necesarias para el desarrollo y la ejecución de las normas escritar en la Ley, vigilar por la correcta formación de precios, asesorar a los responsables de la Administración en materia bursátil, promover una amplia difusión de la información y proteger, en definitiva, a los inversores y sujetos que participen en las operaciones. Precisamente por la importancia que tiene conocer la información, en los siguientes epígrafes nos disponemos a analizar toda la posible información que ofrece la prensa especializada sobre el mercado bursátil español.

El mercado continuo

El mercado continuo es un sistema de negociación informatizado que permite realizar transacciones durante un largo período de tiempo y sin fronteras espaciales, permitiendo el acceso directo de inversores de diferentes provincias. El mercado continuo nació en abril de 1989. La Bolsa de Madrid inicialmente adquirió la tecnología necesaria de la Bolsa de Toronto con la introducción del sistema *CATS (Computer Assisted Trading System)*. Actualmente el sistema en funcionamiento está desarrollado por la propia Bolsa de Madrid y se conoce como SIBE (Sistema de Interconexión Bursátil Español).

En dicho mercado se negocian los valores, a solicitud del emisor, acordados por la CNMV. Es necesario que estén previamente admitidos en dos bolsas españolas.

Funcionamiento:

1. *Sesiones y horario.* Los días hábiles de lunes a viernes, con horario entre las 10 y 17 horas. La preapertura o fase de ajuste se produce de 9.45 a 10 horas (el primer día hábil de cada mes será desde las 9.30 a 10 horas) y en ella se introducen las posiciones para la obtención del precio de apertura (no se cruzan operaciones). La sesión abierta se desarrolla a partir de las 10 horas en sus diversas modalidades de órdenes y determinaciones de especiales. En ella se produce la contratación.

2. *Unidades de contratación.* Se distinguen dos tipos de modalidades: contratación principal (órdenes) y bloques (términos especiales).

La modalidad de órdenes es la modalidad principal de contratación. La negociación en este tipo de mercado se rige por criterios de prioridad en el precio y en el tiempo de introducción de las órdenes. La modalidad de términos especiales, desarrollada para futuras evoluciones del mercado, queda reservada a operaciones de un determinado volumen y no se aplican criterios de prioridad en el momento de producirse las negociaciones.

Además de la negociación multilateral, existe un ámbito de operaciones cerradas bilateralmente entre dos miembros (precios convenidos) o unilateralmente entre un miembro y sus clientes (aplicaciones).

3. *Precios y variaciones.* La contratación se realizará en pesetas. En la modalidad de órdenes y términos especiales los precios podrán variar en la forma siguiente:

Hasta 1.000 pesetas:	de peseta en peseta
De 1.001 a 5.000 pesetas:	de 5 en 5 pesetas
Más de 5.000 pesetas:	de 10 en 10 pesetas

En la modalidad de precio convenido y aplicaciones se admitirá cualquier precio (expresado en seis enteros y dos decimales).

En la modalidad de órdenes, sólo se permitirá la negociación de aquellas cuyo precio se encuentre dentro del máximo y del mínimo establecido para la sesión en curso como consecuencia de aplicar el porcentaje de oscilación permitido al precio de referencia del valor para la sesión en curso.

Como ayuda al operador al introducir una orden, tanto en la modalidad de órdenes como en la de términos especiales se emitirá un mensaje de aviso si el precio tecleado varía en un 5% con respecto al precio de la última operación cerrada en la modalidad de que se trate.

4. *Preapertura (fase de ajuste).* Período destinado a la introducción, modificación y cancelación de propuestas. Durante este período no se cruzarán operaciones. Su inicio y duración vendrá fijado por la normativa del mercado.

El sistema mostrará en cada momento cuál sería el precio al que se negociarían las órdenes si en ese momento se iniciara la contratación. El cálculo se efectúa en tiempo real cada vez que entra una orden de compra o de venta en el sistema. Las reglas que se aplican para determinar cuál sería el precio en cada momento son las siguientes:

a) Se elige el precio al que se negocia un mayor número de títulos.
b) Si hay dos o más precios a los cuales puede negociarse un mismo número de títulos, el precio será el que deje menos desequilibrio. El desequilibrio se define como la diferencia entre el volumen ofrecido y el volumen demandado susceptible de negociarse a un mismo precio.
c) Si las dos condiciones anteriores coinciden, se escogerá el precio del lado que tenga mayor volumen (mayor peso).
d) Si las tres condiciones anteriores coinciden, se escogerá el precio más cercano al precio de cierre del día anterior.

Las órdenes no completadas o aquellas que por precio no hayan participado en la asignación, quedarán colocadas en el sistema por prioridad del precio y tiempo de introducción.

Si en el momento de iniciarse la contratación, alguno (o algunos) de los valores no hubiesen formado precio, pasarán a situación de sesión abierta, siendo su primer precio el de la primera negociación que se produzca.

Una vez transcurrido el período de preapertura se fija el precio de apertura: aquel que permita negociar el mayor número de títulos (debe cubrir al menos el 20% de la oferta o demanda; en caso contrario, se pueden autorizar variaciones hasta el 15%, y si aun así no se puede fijar, los valores afectados no se negociarían). Si no se cumplen ambas condiciones, se podrá autorizar la fijación del precio sólo con un 10% de cobertura de la oferta o demanda. En casos de estrangulamiento del mercado (lo que indicaría una peligrosa falta de liquidez), se podrán autorizar variaciones de precios de hasta un 20%. Fijado el precio de apertura, se cumplimentarán las propuestas con mejores precios; los lotes restantes se distribuyen entre las demás propuestas según orden temporal.

5. *Sesión abierta*. Período en el que se desarrollará la contratación continuada. Su inicio y duración se fijará en la normativa del mercado.

Las órdenes se colocan en el sistema atendiendo a criterios de prioridad de precio y, a igualdad de precio, por prioridad temporal de introducción. La negociación de las órdenes se produce de forma automática según estos criterios.

Una vez ejecutado el volumen mostrado, el resto se considerará, a todos los efectos, como propuesta de nueva introducción y tendrá carácter oculto. Este tipo de orden tendrá validez sólo para la sesión del día en que es introducida. La cantidad mínima que habrá que mostrar será de 250 títulos.

Durante la fase de ajuste se permite la introducción únicamente de los siguientes tipos de orden: limitada, mantenida y *on stop*.

6. *Plazos de vigencia*. Al introducir una orden el operador debe determinar el plazo de validez de la misma que podrá ser de:

— Validez día: la orden es válida sólo para la sesión en curso. En caso de no negociarse en el transcurso de la sesión, se cancela automáticamente.

— Validez hasta una fecha: se marcará una fecha de validez máxima. Al cierre de la sesión de dicha fecha se cancelará automáticamente la orden o resto no negociado. La validez máxima admitida será la de la penúltima fecha del mes en curso.
— Validez hasta cancelación: las órdenes o restos no negociados se cancelarán automáticamente el último día del mes en curso.

7. Las órdenes en el mercado continuo se pueden introducir durante el período de ajuste, de 9.30 a 10 de la mañana y durante la sesión abierta de 10 a 17 de la tarde, pero sólo tienen lugar operaciones durante la sesión abierta. Las órdenes se cruzan informáticamente entre sí con base en los criterios definidos en las propias normas de contratación.

Las principales ventajas de este mercado son: agiliza y facilita la negociación; genera para las acciones un único precio nacional; garantiza la total igualdad de acceso al sistema; posee mecanismos propios de supervisión; es una puerta abierta a la internacionalización; permite conocer la situación actual del mercado en tiempo real, y asegura la máxima transparencia en los mecanismos de fijación de precios.

En la tabla 6 se muestra, a modo de ejemplo, las diferentes acciones que cotizan en el mercado continuo y a continuación la lectura de la misma.

Nominal de la acción: Es el valor atribuido a cada acción como capital social aportado a la sociedad. Es una referencia fiscal y contable, que es necesaria para calcular el valor en pesetas a partir del valor en enteros de una acción que cotiza en el mercado de corros (un *entero* equivale al 1% del valor nominal), el valor de un dividendo o los derechos de ampliación.

Frecuencia de contratación (expresada en días o en porcentaje): Indica el número de sesiones del año en las que la acción se ha negociado, ofreciendo una idea bastante aproximada de su liquidez en el mercado.

Tabla 6

CAPITAL		DIVIDENDOS BRUTOS			RENTABILIDAD		ULTIMA AMPLIACION		
Nom	Nº de títulos	Ejec. ant.	los dos últimos dividendos pagados		Div	Plusv.	Fecha	Condiciones	Esp
500	6.462.120.120	-	-	-	-	-3,33	-	-	
900	11.695.821	400,00	100,00 Ac 03-01-97	100,00 Ac 01-10-96	2,18	-2,24	17-08-95	1x10 Lib	
500	228.895.404	75,00	38,00 Ac 25-10-96	37,00 Co 08-07-96	4,18	0,28	11-07-95	1x15 Lib.	▲
100	81.522.150	-	137,49 Co 15-06-92	45,00 Ac 26-12-91	-	16,59	29-09-94	223x100 730,25%	▲♦★
100	76.787.776	-	40,00 Co 15-08-93	40,00 Ac 04-05-92	-	-0,51	09-10-95	11x2 al 190%	▼
500	44.237.721	85,00	40,00 Ac 08-01-97	45,00 Co 05-07-96	1,50	5,00	15-11-95	1x50 Par	▲♦
1.000	15.162.000	120,00	60,00 Ac 12-11-96	60,00 Co 10-07-96	0,93	-1,37	15-12-89	1x10 Par	
500	8.802.157	-	17,00 Co 10-07-90	47,00 Ac 20-02-90	-	17,23	-	-	
500	13.954.583	40,00	40,00 Ac 26-12-96	75,00 Ac 15-09-90	1,36	-1,18	08-05-89	1x24 Par Lib.	
500	122.500.000	273,00	128,00 Ac 21-10-96	75,00 Co 08-07-96	4,71	-0,17	-	-	
1.000	40.325.593	-	138,61 Un 01-07-91	252,59 Un 01-07-90	-	4,67	25-08-93	1x1 Par	▲♦★
1.000	66.724.886	107,00	60,00 Ac 15-10-96	17,00 Co 15-07-96	5,38	-2,45	26-05-86	3x7 Par Lib.	
1.000	1.707.000	400,00	150,00 Ac 20-12-96	250,00 Co 27-05-96	2,63	-4,88	-	-	▲
500	8.237.533	125,00	125,00 Ac 15-04-96	100,00 Co 16-10-95	1,92	-4,41	15-12-91	1x10 Par Lib.	
500	10.382.351	-	35,00 Co 14-05-90	40,00 Ac 16-01-90	-	17,61	04-04-91	1,02x1 a 160 %	
1.000	20.893.159	-	60,00 Co 08-06-92	60,00 Ac 31-12-91	-	4,35	22-03-93	1x7 al 200%	▲♦
575	224.730.000	208,00	47,00 Ac 10-10-96	47,00 Ac 10-07-96	2,84	4,42	24-03-90	A Val. Nom.	▲♦
500	163.820.184	125,00	50,00 Ac 11-11-96	75,00 Un 28-03-96	3,51	6,75	03-03-93	1x843 al 567,54%	▲♦
500	6.830.975	65,00	65,00 Ac 30-12-96	65,00 Ac 20-12-95	1,73	-	15-12-87	1x3 Par	
500	5.432.310	736,00	184,00 Ac 30-12-96	184,00 Ac 30-09-96	3,77	2,63	01-07-82	1x10 Lib.	▲♦
5.000	867.858	3.036,00	756,00 Ac 30-12-96	768,00 Ac 30-09-96	4,56	0,76	01-06-77	1x4 150 %	
500	3.524.112	224,00	58,00 Ac 30-12-96	56,00 Ac 30-09-96	4,50	-2,35	01-12-83	3x7	★
500	3.042.900	580,00	148,00 Ac 30-12-96	144,00 Ac 30-09-96	4,25	-0,44	01-04-84	1x4 a 175 %	▼★
500	22.089.557	105,00	50,00 Ac 26-10-96	55,00 Co 13-04-96	4,17	-0,59	15-09-90	1x10 Par	■
500	10.673.331	-	68,33 Ac 31-12-92	66,67 Ac 30-06-92	-	2,47	28-11-88	1x8 Par	★
500	105.366.880	-	27,00 Co 24-04-95	88,00 Ac 21-11-94	-	-0,54	25-02-92	3x11 Par	▼
500	5.527.200	180,00	80,00 Ac 18-10-96	100,00 Co 01-04-96	3,92	4,32	03-06-89	1x10 Par	★
500	1.472.800	280,00	120,00 Ac 18-10-96	160,00 Co 01-04-96	6,67	0,24	-	-	
500	7.884.864	120,00	120,00 Ac 30-09-96	130,00 Ac 28-12-95	1,71	-0,14	01-11-88	1x7 Par Lib.	
1.000	9.086.301	250,00	130,00 Ac 02-01-97	120,00 Co 08-07-96	2,94	2,16	23-11-91	1x10 Gratis	▲♦★
500	28.900.000	980,00	255,00 Ac 04-01-97	245,00 Ac 07-10-96	3,66	5,06	01-03-82	1x10 Lib.	▲♦★
750	159.715.322	294,00	70,00 Ac 31-10-96	70,00 Ac 31-07-96	3,49	1,44	01-06-94	1x3 al 300%	
1.000	5.431.346	73,00	73,00 Un 10-07-96	77,00 Co 10-07-95	3,04	-	-	-	■
500	3.200.000	320,00	80,00 Ac 30-12-96	80,00 Ac 30-09-96	4,48	-2,19	01-12-82	2x3 Par	▼★
500	20.400.000	100,00	30,00 Ac 30-11-96	40,00 Ac 30-07-96	3,64	-	01-12-92	1x17 al 200%.	
400	612.659.404	-	95,00 Ac 06-11-92	116,67 Co 15-06-92	-	10,45	07-07-93	1x3 al 214,3%	
1.500	13.966.000	619,00	154,00 Ac 04-01-97	152,00 Ac 05-10-96	3,13	-1,64	23-07-90	1x5 al 200%	
5	63.906.079	-	848,15 Un 27-04-95	672,12 Un 03-05-94	-	-0,19	-	-	
1.000	4.445.631	130,00	60,00 Ac 02-01-97	70,00 Co 01-07-96	3,77	1,32	01-06-88	2x3 Par	★
1.625	10.050.980	270,00	270,00 Un 06-05-96	300,00 Un 12-06-95	4,92	3,58	27-01-92	625x1000 Lib.	▲★
500	3.420.759	168,00	168,00 Un 20-06-96	158,67 Un 20-06-95	3,38	0,61	10-09-87	1x4 400 %	
1.000	5.471.581	200,00	200,00 Un 17-07-96	150,00 Un 14-07-95	2,98	9,74	07-02-94	99x10 Par	▲♦★
1.000	13.012.226	90,00	90,00 Co 15-06-96	42,00 Ex 15-12-95	1,67	-1,82	20-08-90	2x13 a 200 %	
500	12.759.000	213,40	112,40 Co 15-06-96	101,00 Co 10-06-96	4,51	-0,21	01-12-93	1x11 al 760%	★
500	89.191.647	120,00	60,00 Ac 28-10-96	60,00 Co 15-04-96	2,81	7,83	17-12-90	1x5 200 %	▲
1.000	5.343.750	-	68,00 Un 15-07-80	68,00 Un 15-07-79	-	17,14	20-10-87	1x4 Par Lib.	▲♦
400	87.848.242	-	10,00 Un 05-07-95	15,00 Un 06-07-94	-	11,97	24-11-92	4x1 Par	
5	321.824.210	820,69	820,69 Un 28-05-96	741,24 Un 30-05-94	23,48	7,70	24-01-94	1x10 al 630%	
100	96.000.000	38,00	38,00 Un 13-06-96	36,00 Un 01-06-95	1,42	0,38	-	-	▲
500	44.515.482	-	112,00 Ac 30-06-92	65,21 Ac 29-06-91	-	0,74	28-09-87	1x2 Par Lib.	
500	27.205.209	90,00	90,00 Co 03-06-96	85,00 Ac 15-12-95	1,13	0,51	23-01-96	1x7 Conver.	▲♦
100	19.602.811	68,00	28,00 Ac 15-07-96	40,00 Co 15-01-96	1,59	10,00	-	-	▲♦
1.000	13.119.246	220,00	220,00 Un 28-06-96	150,00 Un 01-07-93	2,08	3,92	29-12-90	1x5 Par Lib.	
1.000	5.220.037	220,00	100,00 Ac 02-01-97	120,00 Co 03-06-96	2,05	7,40	15-07-94	1x20 Lib.	▲♦
100	1.400.000	-	100,00 Co 30-09-91	75,00 Ac 14-01-91	-	-	-	-	★
500	57.430.454	90,00	45,00 Ac 28-10-96	45,00 Co 20-05-96	4,38	2,75	01-11-91	1x10 Par Lib.	▲♦
500	12.145.396	-	45,00 Co 06-06-92	45,00 Ac 07-01-92	-	-4,53	01-09-88	1x7 Par Lib.	
100	48.116.043	30,00	12,00 Ac 30-12-96	18,00 Co 18-04-96	1,28	2,63	15-04-91	4x33 Par	▲♦★
500	25.476.578	-	28,33 Un 15-08-79	28,33 Co 29-07-78	-	0,80	01-07-94	3x10 al 300%	
1.250	19.498.835	114,00	60,00 Ac 03-01-97	54,00 Co 17-06-96	2,85	-2,44	10-12-82	1x8 50%	
500	19.544.207	105,00	55,00 Ac 03-01-97	50,00 Co 17-06-96	2,01	0,38	19-01-94	1x4 al 600 %	★
750	21.225.800	37,00	37,00 Co 30-05-96	145,00 Co 01-06-90	1,96	21,54	06-04-92	1x1 Par	▲★
800	260.005.599	100,00	100,00 Ac 03-01-97	84,00 Ac 04-01-96	0,99	8,98	04-04-88	A Val. Nom.	▲♦
500	38.624.400	53,00	15,00 Ac 04-12-96	38,00 Co 04-07-96	7,07	4,17	-	-	▲♦
1.000	62.523.594	107,00	53,00 Ac 03-01-97	54,00 Co 17-06-96	3,07	8,39	01-11-84	1X3 Par	▲♦
60	142.490.446	-	40,35 Un 09-05-77	40,35 Un 01-07-76	-	35,00	25-11-95	1x1 a 125%	▲♦★
500	2.600.000	-	49,40 Un 15-05-91	80,00 Co 15-05-90	-	33,46	02-12-88	2x11 Par Lib.	▲♦★
500	4.375.000	72,00	72,00 Un 08-07-96	72,00 Ac 31-01-95	2,87	19,52	14-09-93	1x4 al 390%	▲♦★
500	21.416.050	-	42,67 Un 01-07-89	-	-	-	08-10-89	3x5 Par	
1.000	62.219.853	56,88	23,00 Ac 01-10-96	14,09 Co 01-07-96	4,53	-4,20	15-06-95	5x3 Lib. al 100%	★
1.000	208.592.832	55,00	25,00 Ac 13-01-97	30,00 Co 01-07-96	4,31	-0,39	15-07-88	3x32 Lib. 30 %	
500	18.800.077	-	13,00 Un 10-07-95	20,00 Un 01-07-94	-	12,50	14-11-94	1x2 al 220%	
500	17.829.464	85,00	25,00 Ac 20-12-96	40,00 Co 10-07-96	5,78	20,49	20-08-91	1x3 1.031%	▲♦
350	21.149.544	-	25,00 Co 07-04-92	37,49 Ac 07-11-91	-	1,22	20-07-94	1x1 Par	
1.000	15.012.747	151,00	93,00 Ac 07-01-97	58,00 Co 05-07-96	1,15	8,10	-	-	▲♦
600	37.314.669	230,00	125,00 Ac 08-01-97	105,00 Co 02-07-96	0,71	6,99	17-01-92	4x5 Par	▲♦
28	14.762.614	111,00	52,00 Ex 13-09-96	7,00 Ac 13-09-96	176,19	14,55	16-09-91	1x5 Par	▲
850	11.290.907	92,00	92,00 Ac 03-01-97	92,00 Ac 04-01-96	1,15	-3,37	19-12-87	150x850 Par Lib.	
500	14.514.285	60,00	60,00 Un 30-05-96	54,00 Un 05-06-95	3,72	7,31	06-07-95	1x7 al 340%	▲★
400	11.991.031	-	100,00 Un 17-06-91	152,41 Un 25-07-90	-	2,01	24-06-91	1x2 Par	
500	4.029.126	36,00	36,00 Un 30-04-96	25,00 Un 25-04-95	1,38	7,22	-	-	▲
1.000	5.584.330	-	25,00 Ac 05-04-93	42,00 Co 15-07-92	-	2,43	25-09-93	1x30 Par	
1.000	27.723.266	161,10	10,75 Ac 15 00 00	10,75 Ac 10 00 00	0,00	0,00	10-07-91	1x10 Par	▲
1.000	25.696.634	67,00	42,00 Ac 09-12-96	25,00 Co 16-05-96	4,20	1,27	08-02-93	11x16 Par	▲♦
500	16.730.939	-	35,00 Co 27-07-95	40,00 Ac 30-01-95	-	-	20-06-88	4x10 200 %	■
500	919.653.311	65,12	31,37 Ac 02-01-97	33,75 Co 01-07-96	3,81	-7,07	30-12-93	1x376 al 140%	
200	22.567.599	50,00	50,00 Un 10-06-96	30,00 Ac 02-11-92	1,77	1,80	21-09-87	1x10 Par Lib.	▲♦★
500	1.266.066	20,00	20,00 Un 15-07-96	20,00 Un 17-07-95	1,33	-5,06	-	-	▼
1.000	1.940.941	225,00	125,00 Ac 30-10-96	100,00 Co 15-07-96	3,91	-	-	-	■
1.000	6.479.911	180,00	180,00 Un 01-07-96	140,00 Un 03-07-95	2,50	-1,64	10-09-89	1x10 Par Lib.	★
500	15.095.204	-	-	-	-	7,96	28-06-96	5x8 Par	
25	91.734.438	-	162,16 Un 12-08-94	6,75 Ac 12-08-94	-	1,32	17-11-93	1x10 Par	
100	66.000.000	10,49	5,49 Ac 03-01-97	5,00 Co 08-07-96	6,40	0,61	01-07-94	2x9 al 200%	

Tabla 6 *(continuación)*

EL MERCADO DE AYER									EVOLUCIÓN					
Cod.		Cierre	Var	%	Máx	Mín	Medio ponder.	Volumen	Días	Más alto		Más bajo		Media 200 s.
ABC														
ABG	Abengoa	4.350	10	0,23	4.390	4.330	4.352	10.040	7	4.430	En	4.340	En	4.398
ACX	Acerinox	18.340	60	0,33	18.530	18.240	18.374	81.239	7	19.000	En	18.170	En	14.692
ACE	Acesa	1.795	40	2,28	1.800	1.765	1.786	318.593	7	1.795	En	1.720	En	1.453
UFE	AGF Unión-Fénix	1.335	90	7,23	1.360	1.270	1.314	223.147	7	1.335	En	1.125	En	965
AGR	Agroman	394	-2	-0,51	400	390	397	98.872	7	404	En	394	En	410
AGS	Aguas Barcelona	5.670	120	2,16	5.670	5.500	5.604	60.102	7	5.670	En	5.380	En	4.805
ALB	Alba	12.940	-50	-0,38	13.100	12.930	13.001	42.060	7	13.180	En	12.670	En	10.804
ASA	Algodonera de S. Antonio	1.395	=	=	1.400	1.370	1.382	45.826	7	1.410	En	1.245	En	1.002
AMP	Amper	2.940	20	0,68	2.975	2.900	2.922	183.343	7	3.030	En	2.780	En	1.743
ARG	Argentaria	5.800	70	1,22	5.810	5.760	5.781	470.982	7	5.880	En	5.700	En	5.266
AZC	Asturiana de Zinc	1.345	50	3,86	1.345	1.305	1.332	363.485	7	1.345	En	1.230	En	981
AUM	Autopistas Mare Nostrum	1.990	10	0,51	2.000	1.980	1.989	441.556	7	2.030	En	1.980	En	1.733
AZK	Azkoyen	15.200	250	1,67	15.200	14.600	15.052	4.565	7	15.200	En	14.610	En	9.546
AZU	Azucarera	6.500	50	0,78	6.500	6.400	6.450	6.455	7	6.730	En	6.390	En	4.699
BAM	Bami	207	2	0,98	208	203	206	53.317	7	210	En	183	En	197
ATL	Banco Atlántico	3.600	50	1,41	3.600	3.530	3.575	1.128	7	3.600	En	3.430	En	3.017
BBV	Banco Bilbao Vizcaya	7.320	60	0,83	7.350	7.290	7.318	564.489	7	7.320	En	6.860	En	5.579
BCH	Banco Central Hispano	3.560	65	1,86	3.575	3.525	3.548	727.723	7	3.560	En	3.250	En	2.765
ALI	Banco de Alicante	3.750	=	=	3.760	3.745	3.750	1.925	7	3.750	En	3.750	En	3.835
AND	Banco de Andalucía	19.500	120	0,62	19.500	19.300	19.384	1.053	7	19.500	En	18.750	En	17.720
CAS	Banco de Castilla	66.600	=	=	66.800	66.800	66.800	24	7	66.600	En	66.200	En	63.788
CBL	Banco de Crédito Balear	4.980	-70	-1,39	5.050	4.950	4.980	11.409	7	5.050	En	4.980	En	4.758
GAL	Banco de Galicia	13.650	-70	-0,51	13.720	13.630	13.650	7.770	7	13.720	En	13.650	En	13.389
BVA	Banco de Valencia	2.520	10 En	—	-	-	-	-	6	2.530	En	2.440	En	2.059
VIT	Banco de Vitoria	1.245	-5	-0,40	1.250	1.240	1.245	33.923	7	1.250	En	1.190	En	1.189
EXT	Banco Exterior	2.760	-20	-0,72	2.800	2.760	2.782	1.720	7	2.785	En	2.760	En	2.915
GUI	Banco Guipuzcoano	4.590	-10	-0,22	4.590	4.540	4.552	22.588	7	4.600	En	4.400	En	4.046
GULP	Banco Guipuzcoano Pref. s/v	4.200	=	=	4.250	4.200	4.231	594	7	4.200	En	4.150	En	3.944
HRR	Banco Herrero	7.000	70	1,01	7.100	7.000	7.019	43	5	7.010	En	6.930	En	7.062
PAS	Banco Pastor	8.500	250	3,03	8.800	8.170	8.691	46.208	7	8.500	En	8.060	En	7.507
POP	Banco Popular	26.790	1.310	5,14	26.790	25.360	26.150	169.712	7	26.790	En	24.990	En	22.887
SAN	Banco Santander	8.430	30	0,36	8.500	8.370	8.446	399.887	7	8.430	En	8.090	En	6.452
SIM	Banco Simeón	2.400	8 En	—	-	-	-	-	1	2.400	En	2.400	En	2.475
VAS	Banco Vasconia	7.140	-10	-0,14	7.200	7.050	7.139	9.065	7	7.300	En	7.140	En	6.976
ZRG	Banco Zaragozano	2.750	5	0,18	2.750	2.745	2.748	9.825	7	2.760	En	2.745	En	2.372
BTO	Banesto	1.110	5	0,45	1.125	1.105	1.116	1.740.555	7	1.240	En	1.010	En	838
BKT	Bankinter	19.800	30	0,15	20.000	19.720	19.828	60.174	7	20.200	En	19.570	En	14.801
BAY	Bayer	5.300	-150	-2,75	5.410	5.300	5.336	761	7	5.470	En	5.290	En	8.293
BYB	Bodegas y Bebidas	3.450	-20	-0,58	3.475	3.400	3.448	14.179	7	3.470	En	3.300	En	3.118
PMD	BP Oil España	5.490	170	3,20	5.500	5.330	5.429	2.119	7	5.490	En	5.010	En	4.846
CAF	CAF	4.950	-50	-1,00	4.990	4.905	4.934	1.565	7	5.150	En	4.680	En	4.756
CPF	Campofrío	6.760	260	4,00	6.760	6.550	6.657	8.491	7	6.760	En	5.990	En	4.770
CAR	Carburos Metálicos	5.400	=	=	5.500	5.400	5.420	506	4	5.400	En	5.400	En	5.548
CPL	Cementos Portland	4.730	10	0,21	4.740	4.655	4.712	4.783	7	4.780	En	4.700	En	4.791
CEP	Cepsa	4.270	35	0,83	4.340	4.170	4.283	29.963	7	4.270	En	3.840	En	3.948
CIT	Citroen	7.380	630	9,33	7.380	6.850	7.105	344	7	7.380	En	6.280	En	6.140
CFR	Cofir	477	-2	-0,42	490	470	476	307.176	7	494	En	419	En	393
CBK	Commerzbank	3.495	135	4,02	3.495	3.340	3.426	325	7	3.500	En	3.200	En	14.271
CTE	Continente	2.670	35	1,33	2.675	2.640	2.661	159.413	7	2.670	En	2.550	En	2.732
LCB	Corporación Banesto	1.360	-40	-2,86	1.415	1.350	1.396	1.165	7	1.425	En	1.350	En	1.388
MAP	Corporación Mapfre	7.950	300	3,92	7.950	7.710	7.870	28.229	7	7.950	En	7.640	En	6.376
CTF	Cortefiel	4.290	65	1,54	4.380	4.230	4.274	49.568	7	4.290	En	3.840	En	3.230
CRI	Cristalería	10.600	10	0,09	10.600	10.400	10.564	8.281	7	10.770	En	10.140	En	8.206
CUB	Cubiertas	10.740	910	9,26	10.740	9.850	10.325	47.588	7	10.740	En	9.800	En	8.620
DEF														
DMT	Dimetal	255	-14	-5,20	270	255	261	36.923	7	269	En	255	En	295
DRC	Dragados	2.055	35	1,73	2.075	2.025	2.056	362.151	7	2.055	En	1.910	En	1.724
MDF	Duro Felguera	1.265	15	1,20	1.285	1.220	1.250	106.245	7	1.270	En	1.200	En	714
EBA	Ebro Agrícolas	2.345	70	3,08	2.370	2.290	2.347	1.186.576	7	2.345	En	2.210	En	1.560
AGI	El Aguila	628	12	1,95	628	616	622	26.346	7	638	En	616	En	711
VGO	Electra de Viesgo	4.000	=	=	4.030	3.990	4.007	8.773	7	4.090	En	4.000	En	2.669
ERZ	Elec. Reunidas de Zaragoza	5.220	=	=	5.250	5.100	5.219	105.787	7	5.500	En	5.220	En	3.618
ENC	Ence	1.890	105	5,88	1.890	1.810	1.837	226.331	7	1.890	En	1.515	En	1.740
ELE	Endesa	10.070	220	2,23	10.100	9.920	10.008	553.112	7	10.070	En	9.050	En	7.882
ARA	Energ. Ind. Aragonesas	750	14	1,90	750	740	745	197.441	7	750	En	717	En	624
ENH	Enher B	3.490	40	1,16	3.500	3.450	3.490	60.021	7	3.490	En	3.150	En	2.598
ECR	Ercros	108	14	14,89	108	98	104	7.912.813	7	108	En	83	En	75
ZNC	Española del Zinc	1.065	55	5,45	1.110	961	1.044	370.608	7	1.065	En	765	En	633
HES	Est. Subterráneos	2.510	10	0,40	2.520	2.400	2.441	81.634	7	2.510	En	2.030	En	1.896
EPC	European Paper	57	1	1,79	57	55	57	21.964	7	57	En	55	En	67
EUR	Europistas	1.255	5	0,40	1.300	1.245	1.265	291.173	7	1.290	En	1.250	En	1.049
FEC	Fecsa	1.275	-5	-0,39	1.280	1.245	1.265	403.461	7	1.290	En	1.210	En	971
FIL	Filo	360	-2	-0,55	370	360	361	144.651	7	373	En	330	En	456
FYM	Financiera y Minera	1.470	120	8,89	1.470	1.400	1.432	14.933	7	1.470	En	1.200	En	1.121
FNZ	Finanzauto	749	29	4,03	749	711	727	12.298	7	750	En	720	En	672
FCC	FCC	13.080	680	5,48	13.080	12.350	12.755	34.558	7	13.080	En	11.850	En	10.634
GHI														
CTG	Gas Natural	32.310	300	0,94	32.490	31.900	32.324	37.155	7	32.310	En	29.760	En	24.144
CGI	General de Inversiones	63	4	6,78	64	58	61	145.709	7	63	En	55	En	177
GES	Gesa	8.020	70	0,88	8.050	7.920	7.998	20.155	7	8.100	En	7.950	En	7.000
GIN	Gines Navarro	1.615	60	3,86	1.625	1.540	1.588	50.815	7	1.615	En	1.495	En	1.473
GSW	Global Steel Wire	406	-1	-0,25	409	402	406	60.332	7	415	En	390	En	557
ANY	Grupo Anaya	2.600	25	0,97	2.600	2.550	2.589	1.227	6	2.600	En	2.420	En	2.455
FFR	Grupo Fosforera	380	5	1,33	380	365	373	32.313	7	390	En	375	En	432
CAN	Hidrocantábrico	4.940	200	4,22	4.955	4.750	4.874	102.438	7	4.940	En	4.740	En	4.212
HSB	Hisalba	1.595	15	0,95	1.595	1.580	1.584	7.675	7	1.595	En	1.580	En	1.369
HHU	Huarte	201	Dc 96	—	-	-	-	-	-		-		-	257
IBE	Iberdrola	1.710	35	2,09	1.710	1.670	1.689	5.415.843	7	1.750	En	1.675	En	1.307
IBP	Iberpistas	2.825	5	0,18	2.830	2.790	2.799	67.105	7	2.825	En	2.745	En	2.215
BES	Industrias del Besós	1.500	-80	-5,06	1.500	1.500	1.500	1.610	5	1.585	En	1.500	En	1.178
IND	Indo Internacional	5.750	Dc 96	—	-	-	-	-	-		-		-	4.109
KLM														
KOI	Koipe	7.190	=	=	7.190	7.010	7.099	8.747	7	7.200	En	7.010	En	7.035
SED	La Seda B	610	-6	-0,97	618	604	608	71.102	7	619	En	566	En	632
LFG	Lafarge Coppée	7.700	-160	-2,04	7.860	7.700	7.775	661	7	7.860	En	7.610	En	7.794
LAI	Lain	164	=	=	165	160	162	239.640	7	164	En	160	En	149

Capital: Aparece el número de acciones admitidas a cotización y el valor nominal en pesetas de cada acción; el nombre de la acción se encuentra bajo el *Valor* en la parte central de la tabla.

Capitalización: Es el resultado de multiplicar el precio de cotización al cierre de la sesión por el número de acciones admitidas a cotización. Sirve para dar una idea de la dimensión de la compañía en la Bolsa

Dividendos: Donde generalmente viene especificado tanto la fecha de pago como el tipo de dividendo, es decir, si es único, a cuenta, extraordinario, complementario..., pudiéndose encontrar también los dividendos brutos anuales pagados en los últimos años.

Rentabilidad: Refleja la rentabilidad por dividendos en tanto por ciento, es decir, el cociente entre el dividendo bruto del año anterior y el precio de cotización al cierre.

Plusvalía: Es la rentabilidad acumulada desde primeros del año; esta rentabilidad, expresada en tanto por ciento, se calculará teniendo en cuenta el dividendo bruto pagado en el año, el valor teórico del derecho (diferencia entre la cotización anterior al comienzo de la ampliación de capital, *ex ante*, y la cotización teórica *ex post*, una vez iniciada la ampliación) y la diferencia de cotización entre el primero de año y la fecha en curso.

Última ampliación: Muestra la fecha y condiciones de la última ampliación realizada (véase el apartado «La ampliación de capital»).

Información de la sesión: Se nos muestra la media móvil de las últimas 200 sesiones del precio de las acciones de la empresa, así como la diferencia en pesetas o cambio en tanto por ciento sobre el último cierre efectivo. Además, se suele mostrar el precio de apertura del valor, la media ponderada de las operaciones realizadas durante la sesión, el precio máximo y mínimo alcanzados en la misma y el número de títulos negociados (en bastantes tablas aparecen estos mismos datos referidos anualmente).

La ampliación de capital

Uno de los cuadros que aparece con bastante frecuencia en la prensa especializada es el referente a las ampliaciones de capital. A continuación se muestran dos formas comunes de reflejar dicha información (véase la tabla 7).

En dicha tabla se puede observar la sociedad, a continuación las condiciones de la ampliación de capital, es decir, la proporción, el precio y el plazo, e incluso el desembolso exigido. Después tenemos la cotización del derecho de suscripción precedente y la última (al cierre de la sesión). Y, por último, se suele mostrar el cambio de una acción nueva si los derechos se pagan al precio de cierre de la sesión.

Tabla 7

■ AMPLIACIONES

Inmolevante amplía gratis en la proporción de una acción nueva por cada tres antiguas hasta el 19 de enero.

Huarte amplía capital hasta el 31 de enero en la proporción de seis acciones nuevas por cada cinco antiguas, con un desembolso de 500 pesetas por acción.

Admitido (N. acs.)	Capitalización (Miles ptas)	Última ampliación Fecha	Condiciones		Último [illegible]
6.830.975	26.914.041	15/12/87	1x3	100%	DIC-87
5.432.310	87.460.191	1/07/82	1x10	Gratis	JUL-82
125.500.000	534.630.000				
20.893.159	63.933.066	22/03/93	1x7	200%	MAR-93
227.000.000	851.250.000				
612.659.404	505.444.008	15/04/94	2x1	190,50%	ABR-94
15.428.280	164.311.182	23/07/90	1x5	200%	JUL-90
867.858	47.003.189	4/12/92	9x1	200%	DIC-92
163.820.184	414.465.065	21/03/94	1x115	519,48%	MAR-94
32.182.421	904.326.030	24/01/94	1x10	630%	ENE-95
3.524.112	10.748.541	1/12/83	3x7	100%	DIC-83
105.366.880	298.188.270	25/02/92	3x11	Par	JUN-89
17.629.663	18.158.552	15/07/92	1x10	200%	JUL-92
3.042.900	33.319.755	1/04/84	1x4	175%	ABR-84
5.527.200	21.556.080	30/06/89	1x10	100%	JUN-89
7.694.864	53.864.048	1/11/88	1x7	Gratis	NOV-88
9.086.301	54.336.079	23/11/91	1x10	Gratis	NOV-91
28.900.000	559.215.000	1/03/82	1x10	Gratis	MAR-82
159.715.322	851.282.666	24/06/94	1x15	695,33%	JUN-94
5.431.346	13.578.365				
22.089.557	36.005.977	15/09/90	1x10	100%	SEP-90
3.200.000	15.600.000	1/12/82	2x3	100%	DIC-82
5.336.725	6.484.120	23/03/95	1x1	150%	MAR-95
21.300.000	42.067.500	1/12/92	1x17	200%	DIC-92

Para el cálculo del precio del derecho de suscripción, que es el dato más importante, se suele emplear la siguiente fórmula:

$$d = \frac{Co - (E + r)}{1 + N}$$

donde d es el precio del derecho de suscripción, N es la proporción entre acciones viejas y nuevas de la ampliación, E es el precio de emisión de las nuevas acciones, r la minoración de derechos de las acciones nuevas sobre las antiguas, por la no percepción de parte del dividendo, y Co es la cotización anterior al comienzo de la ampliación.

La lectura de las condiciones de ampliación es la siguiente:

— Ejemplo 1: «1 × 10 PAR» significa que la proporción es una por cada diez de la antiguas y su precio es su valor nominal; en este caso se produce una entrada neta en caja y, por tanto, un aumento exclusivo en la cuenta de capital.
— Ejemplo 2: «1 × 4 al 175%» significa que la proporción es una por cada cuatro antiguas y hay una prima de emisión sobre la par del 175%. En este caso la prima de emisión da lugar a la creación de una reserva.
— Ejemplo 3: «Ampliación liberada» significa que la ampliación se hace con cargo a reservas y el accionista recibe las acciones sin aportar capital.

El mercado de corros

El de corros es un mercado con una negociación reducida en el tiempo, apenas unos minutos, que permite concentrar las ofertas y demandas de tal manera que los precios son más representativos de las tendencias del mercado (sobre todo en el caso de un mercado estrecho). Este sistema ha desaparecido casi prácticamente de las Bolsas españolas, dado que la mayoría de los valores que se negocian en él apenas cuentan con accionistas e inversores. En su mayoría son acciones de sociedades con poca capitalización o muy controladas por los grandes grupos financieros. La sesión bursátil comienza a las 10 de la mañana y termina a las 12, con una duración de los corros de 10 minutos.

En la tabla 8 se muestran, a modo de ejemplo, las diferentes acciones que cotizan en el mercado de corros y la lectura de la misma.

Los índices bursátiles

La primera información que se suele presentar al comienzo de la sesión de los mercados es la de los índices, comentando el valor máximo y mínimo alcanzado en la sesión del día anterior y calculando la variación con respecto el último valor conocido en cuanto a porcentaje y en valor absoluto. Un ejemplo es la figura 6.

Figura 6.

Tabla 8

☎		EL MERCADO DE AYER			EVOLUCIÓN			CAPITAL		
		Último pesetas	Varia. %	Volumen	Frec.	Máximo	Mínimo	Div. Ult. 12 meses	Nº de Acciones	Nom.
165	A & G Bolsa	700	Dc 96	-	-	-	-	-	1.584.599	500
166	A & G Renta Fija I	737	Dc 96	-	-	-	-	-	4.203.069	500
147	Aceprosa	600	Dc 96	-	-	-	-	-	4.234.430	1.000
151	Acerías y Forjas	1.767	0,97	-	7	1.767 En	1.540 En	-	4.000.000	350
149	Ahorro familiar	850	-2,30	-	2	870 En	850 En	-	2.578.444	1.000
154	Ahorrocapital	1.250	Mz 95	-	-	-	-	-	400.000	1.000
464	Alliedsignal España A	4.355	Ag 96	-	-	-	-	-	3.405.600	500
465	Alefoma	1.300	=	-	1	1.300 En	1.300 En	-	400.000	1.000
163	Asturiana de Valores	5.190	10 En	-	1	5.190 En	5.190 En	-	450.000	2.500
241	Banco Esfinge	425	13 En	-	3	450 En	425 En	-	6.040.940	500
182	Banco Mapfre	3.000	=	-	8	3.000 En	3.000 En	-	17.252.832	1.000
178	Bankoa	2.030	Dc 96	-	-	-	-	94,00	2.911.943	1.000
189	Bansaliber	7.288	-0,96	-	8	7.400 En	7.288 En	650,00	2.821.000	400
229	Baqueira Beret	2.200	Fb 96	-	-	-	-	-	1.566.550	1.000
463	BBV Cartera SIMCAV	1.271	0,79	-	7	1.271 En	1.240 En	-	400.000	1.000
221	Bexcartera	1.125	=	-	4	1.125 En	1.125 En	140,00	1.400.000	500
185	BNP España	57	=	-	6	57 En	57 En	-	291.925.428	75
175	Bolshispania	1.080	Dc 96	-	-	-	-	-	550.000	1.000
255	Brunara	12.860	0,63	-	8	12.860 En	12.580 En	-	500.000	1.000
213	Carmosa	6.004	=	-	8	6.004 En	5.984 En	475,00	3.000.000	200
219	Cartemar	187	Dc 96	-	-	-	-	-	1.686.000	1.000
198	Cartera Bansaliber	8.100	13 En	-	2	9.000 En	8.100 En	-	1.066.858	1.000
202	Celyasa	6.702	-0,46	-	8	6.874 En	6.702 En	375,00	1.737.047	200
342	Cementos Lemona	4.758	3 En	-	1	4.758 En	4.758 En	122,00	3.280.000	675
201	Cevasa	5.500	13 En	-	4	5.600 En	5.300 En	147,47	1.271.972	1.000
466	Cía. Mobiliaria	55	Ab 96	-	-	-	-	-	3.675.000	1.000
204	Cleop	950	Sp 96	-	-	-	-	-	1.530.018	500
194	CLH	2.750	Ab 96	-	-	-	-	-	1.689.049	200
439	Corporación Ucem	9	3 En	-	1	9 En	9 En	-	8.230.724	500
208	Cosmos	2.625	Mz 94	-	-	-	-	-	10.145.455	500
205	Covimosa	3.900	Oc 96	-	-	-	-	600,00	200.000	2.000
233	Elecnor	3.400	-0,73	-	2	3.425 En	3.400 En	120,00	3.000.000	500
237	Erpo	69	Oc 96	-	-	-	-	-	1.454.538	345
411	Española de Alimentos	7.200	Dc 96	-	-	-	-	80,00	757.500	1.000
248	Faes	6.041	10 En	-	4	6.048 En	6.037 En	65,00	5.054.226	500
250	Fasa Renault	2.850	-2,06	-	8	2.910 En	2.760 En	45,90	22.781.250	1.000
252	Fibansa	5.084	-0,63	-	8	5.220 En	5.084 En	100,00	2.000.000	200
256	Financiera Internacional	435	Nv 96	-	-	-	-	-	800.000	500
257	Fincapital	1.300	Dc 94	-	-	-	-	100,00	400.000	1.000
258	Fiponsa	6.680	0,30	-	8	6.680 En	6.340 En	60,00	1.640.000	500
261	Fletamentos Marítimos B	1.110	9 En	-	5	1.160 En	1.110 En	-	1.490.000	1.000
264	Frimancha	3.150	13 En	-	3	3.150 En	3.150 En	140,00	550.766	1.000
268	Garavilla	2.435	=	-	1	-	-	-	3.355.092	500
360	Gassol	475	Dc 96	-	-	-	-	-	1.200.000	500
417	Geinsa	3.000	Dc 96	-	-	-	-	-	1.762.000	500
274	Gestiberia	805	Jl 96	-	-	-	-	-	750.000	500
276	Gestrisa	800	Ag 96	-	-	-	-	-	200.000	1.000
275	Grucycsa	1.005	Dc 96	-	-	-	-	17,20	34.800.000	1.000
284	Hidro Nitro	596	Nv 96	-	-	-	-	295,47	3.209.388	500
279	Hispana (2)	4.500	Nv 96	-	-	-	-	-	80.000	5.000
280	Hispana (3)	2.500	Oc 96	-	-	-	-	-	40.000	5.000
281	Hispana (5)	3.037	Nv 96	-	-	-	-	-	106.667	5.000
278	Hullas C. Cortés	2.600	4,00	-	8	2.600 En	2.430 En	160,00	3.575.000	200
356	IB-MEI	675	Dc 96	-	-	-	-	25,00	2.932.542	500
294	Ibérica del Frío	5.300	=	-	4	5.300 En	5.200 En	150,00	1.275.000	1.000
297	Inburesa	500	0,60	-	6	500 En	490 En	-	7.087.500	1.000
200	Indra	283	13 En	-	4	283 En	245 En	-	55.462.892	129
329	Industrias Peninsular	25	Oc 96	-	-	-	-	-	2.000.000	500
148	Inmobiliaria Alcázar	1.075	=	-	1	-	-	-	3.541.625	500
291	Inmobiliaria Asturiana	14.939	Ag 96	-	-	-	-	-	66.000	500
331	Inmobiliaria del Sur	5.100	10 En	-	3	5.100 En	5.000 En	425,00	1.150.000	1.000

Para medir las variaciones en el valor de la totalidad o de parte de los títulos que cotizan en el mercado de valores se utiliza lo que se denomina un *índice bursátil*. Éste es un sistema de medición de tipo estadístico, que tiene por objeto reflejar la evolución en el tiempo del conjunto de los precios de los títulos, en este caso acciones, cotizados en Bolsa, o de sus rendimientos.

Un índice bursátil no es más que una indicación del comportamiento del mercado, pues no participan en él todos los valores, sino una muestra representativa del mercado. Además, la expresión matemática para el cálculo varía de unos índices a otros. En general, para la elaboración de un índice bursátil el procedimiento es el siguiente:

1.º Selección de los títulos que lo van a componer y ponderación de los mismos.
2.º Elección de la fecha base.
3.º Formulación del índice.
4.º Los ajustes.

La selección de los títulos y su ponderación

El objetivo perseguido a la hora de seleccionar los valores que van a integrar el índice bursátil (es decir, la muestra de valores elegidos de todos los que componen el mercado) es que el índice sea lo más representativo posible. Es fácil comprender que si el índice estuviese compuesto por todos los títulos que cotizan en el mercado de valores alcanzaría la mayor representatividad posible, pero a cambio su elaboración resultaría demasiado costosa y engorrosa, y en ocasiones no es deseable que aparezcan determinados tipos de valores para que el índice permita realizar arbitraje y coberturas.

Por ello se utiliza sólo un conjunto de valores representativos de la totalidad del mercado, y los valores elegidos se analizan en función de:

a) **La frecuencia de cotización.** Es la relación existente entre el número de días que un determinado valor cotiza en el mercado y el número de días hábiles de dicho mercado. La frecuencia de cotización presupone la permanente adaptación de la cotización de un título a la tendencia seguida por el mercado, y por eso aquellos valores que tienen una gran frecuencia de cotización son más representativos y, por ende, más idóneos para formar parte del índice bursátil.

b) **El volumen de contratación.** Es la cantidad total contratada por un determinado valor en el mercado de valores durante un cierto período de tiempo, generalmente un año. Como es lógico, los títulos que componen el índice deberán tener el mayor volumen de contratación de todos los integrantes en el mercado de valores para que de esta forma se garantice la representatividad de aquél.

c) **La capitalización bursátil.** Consiste en multiplicar el número de títulos de una empresa admitidos a cotización por su precio de mercado, es decir, por su cotización. Una empresa con una gran capitalización bursátil lógicamente deberá estar representada en el índice del mercado, puesto que su influencia en la Bolsa será mayor que otra que tenga una capitalización menor.

Por otro lado, la ponderación en los índices tiene por objeto mejorar su representatividad, haciendo que cada valor influya en el mismo de acuerdo con su importancia dentro del mercado. La ponderación se realiza en función de la capitalización bursátil o en función del volumen de contratación, pudiéndose realizar también en función de los dos criterios conjuntamente.

La elección de la fecha base

El valor del índice esta referido a un momento del tiempo denominado año base, fecha para la que el índice toma un valor inicial. Los índices se suelen agrupar en dos clases según su año base. Por una parte, los que eligen tomar como fecha base el 31 de diciembre del año inmediatamente anterior al actual y terminan con el año natural —índices cortos—, y los que eligen una fecha más anterior en el tiempo: índices largos.

Así, por ejemplo, si la fecha base de un índice es el 31 de diciembre de 1990 y en ese momento se le asignó o tomó un valor de 100; y el 20 de enero de 1997 el índice tiene un valor de 450,05, quiere decir que en algo más de seis años el índice ha cuadriplicado su valor o, dicho de otra forma, un inversor que hubiese invertido un millón de pesetas en una cartera diversificada de títulos del índice en la fecha base, a principios de este año tendría alrededor de cuatro millones y medio.

La fórmula estadística elegida

A continuación se analizarán las expresiones estadísticas utilizadas en los principales índices bursátiles y que se pueden concretar en las cinco siguientes:

a) **Media aritmética.** Ésta es la expresión más simple de todas puesto que el valor de índice bursátil se calcula sumando los precios del mercado que en un momento determinado del tiempo tiene cada una de las acciones que integran el índice, para posteriormente dividir el resultado entre el número de empresas que lo forman. Este tipo de expresión es poco utilizada porque no tiene en cuenta las ponderaciones indicativas de la importancia relativa que cada valor tiene en el mercado y, por tanto, en el índice (sin embargo, el índice bursátil más famoso, el Dow Jones Industrial, la utiliza).

b) **Media aritmética ponderada.** Es semejante a la anterior pero teniendo en cuenta las ponderaciones de cada título.

c) **Media geométrica.** El índice se obtiene multiplicando los diversos precios de los diferentes títulos que lo componen y extrayéndose la raíz *n*-ésima al resultado (donde el índice indica el número de títulos que componen el índice). Pueden tener en cuenta o no las ponderaciones de los títulos.

d) **Fórmula de Laspeyres.** Es una de las expresiones más comúnmente utilizadas para calcular el valor de los índices bursátiles, siendo su expresión la siguiente:

$$I_t = \frac{\sum_{i=1}^{n} P_{it} Q_{i0}}{\sum_{i=1}^{n} P_{i0} Q_{i0}} \times 100$$

En el numerador se obtiene la suma del resultado de multiplicar el precio de mercado (P_{it}) de cada uno de los títulos que conforman el índice en un momento determinado del tiempo (t), por la ponderación inicial (Q_{i0}) de cada uno de ellos. En el denominador se realiza la misma operación con la diferencia de que se utiliza el precio inicial que tenía cada título (P_{i0}).

e) **Fórmula de Paasche.** Es semejante a la anterior, pero en este caso las ponderaciones que se utilizan aquí se refieren a las que tienen los diversos títulos en el mismo momento de calcular el índice. Esto implica la necesidad de calcular cada día dichas ponderaciones.

$$I_t = \frac{\sum_{i=1}^{n} P_{it} Q_{it}}{\sum_{i=1}^{n} P_{i0} Q_{it}} \times 100$$

Los ajustes

Todo índice bursátil deberá reflejar con la mayor exactitud posible el acontecer bursátil, recogiendo los movimientos que se producen como consecuencia de sucesivos desequilibrios en las fuerzas de la oferta y la demanda. Para ello deberán ser eliminadas las variaciones de las cotizaciones que no sean debidas a las propias fuerzas del mercado. Así que los ajustes tienen por objeto la corrección de todo tipo de variaciones en las cotizaciones ajenas a los principios de equilibrio entre la oferta y la demanda. Los tres ajustes más clásicos son:

a) **El ajuste por dividendos.** La razón de realizar este ajuste estriba en que al acercarse el momento en el que una determinada compañía paga sus dividendos, se puede observar cómo existe un alza extraordinaria (o un menor descenso) en su cotización debida a dicho motivo y a que ésta es ajena al libre juego entre la oferta y la demanda.

b) **El ajuste por ampliación de capital.** La ampliación de capital realizada por una sociedad determinada representa un sensible aumento del número de títulos de la misma en el mercado, lo que produce un descenso en la cotización mayor de lo que debería haber descendido como consecuencia del libre juego de la oferta y la demanda.

c) **El ajuste por desdoblamiento de acciones *(splits)*.** Algunas veces las compañías deciden desdoblar el valor de las acciones (así, por ejemplo, una acción que valga 1.000 pesetas puede desdoblarse en dos de 500 pesetas) con lo que el capital social de la compañía permanece inalterable, pero no así el volumen de las acciones que lo soportan, el cual ha sido duplicado, lo que induce a tener que corregir el cálculo del índice bursátil.

Con todo ello, a continuación se procede al análisis de los dos índices nacionales más famosos: el Índice General de la Bolsa de Madrid (IGBM) y el IBEX-35.

El Indice General de la Bolsa de Madrid

El Índice General de la Bolsa de Madrid (IGBM) es un índice de precios, ya que va a reflejar la rentabilidad obtenida por el aumento o disminución del precio de las acciones.

Las sociedades que cotizan en la Bolsa de Madrid están clasificadas en diferentes sectores en función de su actividad, y de esta clasificación surgen nueve sectores: bancos y financieras; eléctricas; alimentación; construcción; inversión; comunicaciones; metal-mecánica; petróleo y químicas, y otras industrias y servicios. De cada sector se calcula un índice sectorial y el Índice General representa una media de la variación de todos los valores admitidos a cotización.

1.º Selección de los títulos que lo van a componer y ponderación de los mismos

De los diferentes sectores en los que está dividida la Bolsa de Madrid se obtienen los diferentes valores que componen el Índice General. En 1997 el número de valores que forman el Índice es de 110, que representan el 91,78% de la capitalización total de la Bolsa de Madrid (véase la tabla 9).

El Índice General se pondera en función de la capitalización bursátil a 31 de diciembre de cada año. La ponderación de cada valor en su sector se calcula como el cociente de la capitalización bursátil del valor seleccionado entre el total de la capitalización de los valores del sector seleccionados para su confección.

La ponderación de cada sector en el Índice General se calcula dividiendo la capitalización bursátil del total de los valores admitidos en cada sector entre la capitalización bursátil del total de la Bolsa a 31 de diciembre (en ambos casos sin considerar a los valores extranjeros). Estos cálculos tienen valor para todo el año natural, al igual que los valores que forman parte del índice.

2.º Elección de la fecha base

Se publica desde diciembre de 1940 y a partir de 1986 se calcula como serie histórica continua con base 100 del día 31 de diciembre de 1985.

Tabla 9

Valores que componen el índice de cotización de la Bolsa de Madrid

Ponderación para 1997		Ponderación para 1997	
Valores	En el índice	Valores	En el índice
Bancos y financieras		**Metal-mecánica**	
Bilbao Vizcaya	6,932213	Acerinox	1,017980
Santander	5,840370	Zardoya Otis	0,676639
Popular	3,244879	Fasa Renault	0,289603
Argentaria	3,131879	Asturiana Zinc	0,240416
Banesto	2,700430	Amper	0,192610
Central Hispano	2,404119	Tubacex	0,135630
Bankinter	1,237110	Azcoyen	0,126556
Corp. Mapfre	1,048908	Aux. Ferrocarril	0,078251
Mapfre Vida	0,633658	Gr. Durofelguera	0,074662
Andalucía	0,454182	Hullas Coto	0,042461
Pastor	0,332664	Radiotrónica	0,024481
AGF U. Fénix	0,287522	Nueva Montaña Quij.	0,109026
Valencia	0,246409	Nicolás Correa	0,007724
Zaragozano	0,242022	*Total metal-mecánica*	*2,926045*
Guipuzcoano	0,134171		
Alicante	0,112721	**Petróleo-químico**	
Total bancos y finan.	*28,990265*	Repsol	6,130008
		Cepsa	1,449205
Eléctricas		Carburos Metálicos	0,293646
Endesa	9,672710	Faes	0,140312
Iberdrola	6,811500	Ence	0,135426
Gas Natural	4,537117	Energía e Ind. Arag.	0,114104
Sevillana	1,766323	Sarrió	0,109039
Unión Fenosa	1,709041	Tafisa	0,063294
Fecsa	1,074985	Miquel y Costa	0,058657
Agua Barcelona	0,948237	Unipapel	0,049830
Enher	0,810575	Ercros	0,046771
Hidrocantábrico	0,752748	Sniace	0,010710
Eléc. R. Zaragoza	0,407086	Papelera Esp.	0,006397
Gas y Electricidad	0,377313	*Total pet.-quím.*	*8,607406*
Total eléctricas	*28,867640*		

Tabla 9 *(continuación)*

Ponderación para 1997		Ponderación para 1997	
Valores	En el índice	Valores	En el índice
Alimentación		**Comunicaciones**	
Tabacalera	1,112306	Telefónica	11,468395
Ebro Agrícola	0,594106	Acesa	1,658907
Azucarera	0,302688	Aumar	0,551124
Viscofán	0,238755	Europistas	0,329966
Campofrío	0,182130	Iberpistas	0,253559
Puleva-Unías	0,128438	Est. Subterráneos	0,037198
El Águila	0,085766	Transfera	0,036560
Pescanova	0,072956	*Total comunicaciones*	*14,335712*
Pascual Hnos.	0,049107		
Omsa	0,035696		
Total alimentación	*2,801954*		
		Otras ind. y servicios	2,284216
Construcción		Pryca	2,284216
FCC	1,019436	Continente	1,120807
Cristalera	0,750972	Sol Meliá	0,632692
Dragados	0,644785	Vallehermoso	0,531541
Cem. Portland	0,370252	Inm. Metrovacesa	0,471010
Portland Valderr.	0,356092	Cortefiel	0,335552
Uralita	0,298428	Prosegur	0,316017
Cub. MZOV	0,292946	Tele Pizza	0,184663
Agromán	0,170648	Vidrala	0,144808
Uniland Ceme	0,126067	Abengoa	0,127634
Ginés Navarr.	0,122587	Inm. Urbis	0,094408
OCP Const.	0,119596	Marco Ibérica Dist.	0,065721
Laín	0,060373	Indo Internacional	0,046815
Obrascón	0,036873	Tavex Algodonera	0,045974
Total construcción	*4,369061*	Prima Inmob.	0,043512
		Grupo Anaya	0,042884
Cartera e inversión		Sotogrande	0,039557
Corp. Financ. Alba	1,949523	La Seda Barcelona	0,032462
Cofir	0,348421	Filo	0,026405
Mercapital	0,130003	Inm. Zabalburu	0,020141
Picking Pack	0,033595	Inm. Bami	0,00020
Grupo Fosforera	0,020311	Urb. y Transp.	0,005213
Total cartera e inv.	*2,481856*	*Total otras ind. y serv.*	*6,620061*

3.º Formulación del índice

El 31 de diciembre de cada año se seleccionan los valores que van a componer el Índice el año siguiente. Para el cálculo del Índice se utiliza la fórmula de Laspeyres, por lo que es un índice de precios ponderado.

El primer paso para calcular el índice general pasa por calcular el índice valor diario. Este índice se calcula para cada valor como el cociente entre la cotización diaria del valor y la cotización al cierre del año anterior, todo ello multiplicado por 100:

$$\text{Índice valor diario} =$$

$$= \frac{\text{Cotización diaria del valor}}{\text{Cotización cierre año anterior}} \times 100 =$$

$$= K \times \text{Cotización diaria valor}$$

Una vez obtenido el índice valor se calcula el índice sectorial como la suma aritmética de los productos de todos los índices individuales por su peso en el sector:

$$I_{sj} = \Sigma \, (I_{di} \times P_{di})$$

P_{di} = Peso del valor i en su sector.
I_{di} = Índice individual del valor.
I_{sj} = Índice del sector (j).

y el índice general a continuación se obtiene como la suma aritmética de los productos de todos lo índices sectoriales por su peso en el Índice General:

$$I_g = \Sigma \, (I_{sj} \times P_{sj})$$

I_{sj} = Índice del sector (j).
P_{sj} = Peso del sector j en el índice general.
I_g = Índice general.

4.º Los ajustes

En el Índice General de la Bolsa de Madrid se realizan dos tipos de correcciones:

1. Corrección por pago de dividendos. Para realizar esta corrección es necesario estimar el dividendo neto que va a distribuirse durante el año en función del pagado el año anterior. De la cotización diaria se deduce el cociente del resultado de dividir el dividendo estimado entre 365 días y multiplicar por el número de días transcurridos hasta ese momento.

n_t = Número de días transcurridos hasta la fecha t.
D = Dividendo devengado = n × Dividendo estimado anual/365.

El día que el valor paga, se suma el total neto cobrado, y de esta manera se corrige la caída en la cotización que experimenta el valor por el descuento del dividendo.

2. Corrección por ampliaciones de capital. Conociendo las condiciones de la ampliación, cierto número de acciones nuevas por cada cierto número de las viejas, se calcula el valor teórico del derecho de suscripción. Como la cotización del título reflejará la diferencia en el precio entre las acciones viejas y nuevas, se corrige el Índice de la siguiente manera:

$$K' = K \times (P_v/P_v - V.Tco)$$

P_v = Precio de las acciones viejas.
$V.Tco$ = Valor teórico del derecho.

El índice IBEX-35

El índice IBEX-35 nace principalmente por dos motivos; el primero es que tras la inauguración del Mercado Continuo y ante su gran desarrollo, aparece la necesidad de crear un índice representativo del mismo; por otra parte, el mercado de futuros y opciones, en este caso de renta variable (actualmente

MEFF RV), necesitaba un índice sobre el que poder seguir negociando.

Como índice cumple dos funciones; la primera ser un reflejo fiel del comportamiento del mercado continuo; la segunda es servir como activo subyacente en la negociación. Liquidación y compensación de los diferentes contratos de opciones y futuros.

La gran importancia de este índice se ve reflejada en la aparición generalizada de gráficos que muestran la evolución del mismo.

El índice IBEX-35 es un índice ponderado por capitalización, compuesto por las 35 compañías más liquidas de entre las que cotizan en el Mercado Continuo de las bolsas españolas. Como se puede observar, el número de valores admitidos en el IBEX-35 es reducido. A priori se podría pensar que esto no es beneficioso, ya que no debería representar correctamente al Mercado Continuo y, sin embargo, es todo lo contrario. Un elevadísimo porcentaje de la contratación del Mercado Continuo se realiza en valores del IBEX-35, pues no hay que olvidar que en su composición se incluyen los más líquidos y, por ende, los más contratados y los que más marcan la evolución del mercado. Además al ser un número escaso los valores que lo componen, facilita a los profesionales la realización de estrategias de cobertura y arbitraje.

El organismo encargado de regir el IBEX-35 es la Sociedad de Bolsas, S. A. (sociedad participada por las cuatro bolsas españolas). Esta Sociedad al ser el organismo rector del Sistema de Interconexión Bursátil, aparece como gestor del índice IBEX-35. Cualquier modificación de las normas de cálculo del índice ha de ser estudiada y aprobada por el Consejo de Administración de dicha sociedad, que es también el que designa al Comité Asesor Técnico, organismo responsable de la supervisión del IBEX-35 y garante de imparcialidad y transparencia en el cálculo y gestión del índice. En el día a día, es la Secretaría de Gestión quien ejecuta las instrucciones del Comité Asesor Técnico, y tiene entre sus funciones la ejecución de los ajustes, el seguimiento de las operaciones sobre títulos de valores que componen el índice, vigilar el cálculo y difusión del índice, etc.

El índice se calcula y publica en tiempo real a lo largo del período durante el cual se pueden realizar operaciones en el Mercado Continuo, es decir, desde las 10 hasta las 17 horas. Por ello el valor del IBEX-35 evoluciona continuamente al variar la cotización de los valores que integran el índice.

1.º Selección de los títulos que lo van a componer y su ponderación

El Comité revisa cada seis meses como mínimo la composición del IBEX-35, para garantizar que esté formado por los 35 valores más líquidos del Mercado Continuo en cada momento.

Los valores pueden ser excluidos —o no incluidos— si sólo han sido contratados por una única sociedad o agencia de valores y bolsa, si han realizado pocas transacciones o si su número de transacciones sea considerado como poco representativo, que su volumen de negociación tenga una disminución tal que ponga en peligro su liquidez o que haya sido suspendido de cotización y negociación bursátil por un período suficientemente significativo.

En tales decisiones el Comité tendrá en cuenta la estabilidad del índice, ya que éste es también un activo subyacente de otros mercados.

En cuanto al número de las acciones de las diferentes compañías que componen el índice, será el que el Gestor considere objetivamente en cada momento, siendo este dato público.

Las 35 compañías que componían el IBEX el 3 de enero de 1997 aparecen en la tabla 10.

2.º Elección de la fecha base

El FIEX-35 nace el 31 de diciembre de 1989 con un valor base de referencia de 3.000 puntos. Y es el 14 de enero de 1992 cuando la Sociedad de Bolsas le cambia el nombre y se hace cargo de él denominándolo IBEX-35.

Tabla 10

	Precio Cierre	Variación ptas	Variación %	Volumen títulos	Media diaria mes anterior	Desv.mes anterior (%)	Peso en el IBEX	Variación anual %	Divid.últimos 12 meses	Rentab. dividen.%	Benef. 96* Mil. mill.	BPA 1995	BPA* 1996	Dividendo 1995	Pay-OUT* 1995 (%)	PER 1995	PER* 1996
Acerinox	18.340	60	0,33	81.239	43.133	88,35	1,03	-2,24	400,00	2,18	26,5	3.079	2.265	400	12,0	6,0	8,1
Acesa	1.795	40	2,28	318.593	609.471	-47,73	1,98	0,28	75,00	4,18	20,7	100	95	75	82,0	18,0	18,9
Aguas Barcelona	5.670	120	2,16	60.102	102.726	-41,49	1,21	5,00	85,00	1,50	9,3	198	214	85	54,0	28,6	26,5
Alba	12.940	-50	-0,38	42.060	40.344	4,25	0,95	-1,37	120,00	0,93	7,7	434	480	120	24,0	29,8	27,0
Amper	2.940	20	0,68	183.343	317.445	-42,24	0,20	-1,18	40,00	1,36	2,8	195	197	-	-	15,1	14,9
Argentaria	5.800	70	1,22	470.982	553.751	-14,95	3,43	-0,17	273,00	4,71	77,3	591	625	270	51,0	9,8	9,3
Aumar	1.990	10	0,51	441.556	313.571	40,82	0,64	-2,45	107,00	5,38	8,4	110	125	107	96,0	18,1	15,9
Banco Bilbao Vizcaya	7.320	60	0,83	564.489	576.301	-2,05	7,93	4,42	208,00	2,84	96,4	368	429	198	48,0	19,9	17,1
Banco Central Hispano	3.560	65	1,86	727.723	491.624	48,02	2,81	6,75	125,00	3,51	33,0	76	201	75	67,0	46,8	17,7
Banco Popular	26.790	1.310	5,14	169.712	59.916	183,25	3,73	5,06	980,00	3,66	62,8	1.989	2.172	935	45,0	13,5	12,3
Banco Santander	8.430	30	0,36	399.887	392.857	1,79	6,49	1,44	294,00	3,49	85,8	472	537	280	59,0	17,9	15,7
Banesto	1.110	5	0,45	1.740.555	1.796.019	-3,09	3,28	10,45	-	-	28,2	34	46	-	-	32,6	24,1
Bankinter	19.800	30	0,15	60.174	39.625	51,86	1,33	-1,64	619,00	3,13	16,4	1.015	1.143	508	49,0	19,5	17,3
Continente	2.670	35	1,33	159.413	192.106	-17,02	1,24	0,38	38,00	1,42	12,6	121	131	38	32,0	22,1	20,4
Corporación Mapfre	7.950	300	3,92	28.229	82.238	-65,67	1,04	0,51	90,00	1,18	8,2	374	322	175	24,3	21,3	24,7
Cubiertas	10.740	910	9,26	47.588	20.924	127,43	0,27	7,40	220,00	2,05	4,0	772	770	220	52,0	13,9	13,9
Dragados	2.055	35	1,73	362.151	210.069	72,40	0,57	2,75	90,00	4,38	8,5	152	149	90	64,0	13,5	13,8
Endesa	10.070	220	2,23	553.112	609.554	-9,26	12,62	8,98	100,00	0,99	172,9	576	665	186	29,0	17,5	15,1
Fecsa	1.275	-5	-0,39	403.461	758.718	-46,82	1,28	-0,39	55,00	4,31	16,6	74	80	55	81,0	17,2	15,9
FCC	13.080	680	5,48	34.558	42.103	-17,92	0,95	8,10	151,00	1,15	13,4	857	895	145	15,0	15,3	14,6
Gas Natural	32.310	300	0,94	37.155	72.587	-48,81	5,81	6,99	230,00	0,71	43,4	960	1.165	200	24,0	33,7	27,7
Gesa	8.020	70	0,88	20.155	38.634	-47,83	0,44	-3,37	92,00	1,15	9,0	737	795	183	46,0	10,9	10,1
Hidrocantábrico	4.940	200	4,22	102.438	116.169	-11,82	0,90	-0,30	164,49	3,33	15,1	344	399	175	53,0	14,4	12,4
Iberdrola	1.710	35	2,09	5.415.843	4.753.035	13,94	7,58	-7,07	65,12	3,81	98,7	92	106	65	66,0	18,6	16,1
Metrovacesa	4.640	70	1,53	92.289	37.099	148,76	0,50	-2,83	112,00	2,41	5,2	205	230	112	53,0	22,6	20,2
Pryca	2.570	25	0,98	324.453	298.432	8,72	2,34	-6,55	46,00	1,79	25,2	115	133	46	27,0	22,3	19,3
Puleva	2.725	=	=	88.951	72.894	22,03	0,11	-2,68	-	-	-	-	-	-	-	-	-
Repsol	5.670	160	2,90	2.779.298	1.061.907	161,73	8,20	13,86	177,00	3,12	130,4	392	435	171	43,0	14,5	13,0
Sevillana	1.335	40	3,09	285.808	589.575	-51,52	1,91	-9,49	43,49	3,26	23,9	59	81	40	57,0	22,6	16,5
Sol Meliá	4.265	50	1,19	86.270	81.556	5,78	0,64	-8,28	-	-	-	-	-	-	-	-	-
Tabacalera	6.040	150	2,55	216.751	183.028	18,43	1,07	8,05	160,00	2,65	7,1	372	380	160	49,0	16,2	15,9
Telefónica	3.275	35	1,08	4.691.339	4.210.869	11,42	14,83	8,62	76,00	2,32	157,6	142	168	76	50,0	23,1	19,5
Unión Fenosa	1.235	40	3,35	1.599.855	1.840.039	-13,05	1,73	-11,47	51,00	4,13	26,1	64	90	50	76,0	19,3	13,7
Uralita	1.135	65	6,07	953.802	251.581	279,12	0,29	11,82	34,00	3,00	6,3	118	120	20	37,0	9,6	9,5
Vallehermoso	3.130	190	6,46	263.611	254.265	3,68	0,65	11,19	54,99	1,76	5,1	108	119	55	52,0	29,0	26,3

(*) Estimaciones realizadas por Ahorro Corporación, Banesto Bolsa, Central Hispano de Bolsa e Ibersecurities. **Rentabilidad por dividendo**: porcentaje de los dividendos pagados en los últimos 12 meses sobre el precio de cierre del día. **BPA**: beneficio por acción, en pesetas. **Pay-OUT**: porcentaje del beneficio neto destinado al pago del dividendo. **PER**: veces que el precio de cierre contiene el BPA.

3.º Formulación del índice

En el cálculo del IBEX-35 es necesario distinguir entre el valor de preapertura y el valor del índice.

Antes de la apertura del Mercado Continuo se publica el valor de preapertura del índice calculado con la media de la mejor oferta y la mejor demanda para cada uno de los valores que forman parte del índice.

Se tiene en cuenta el valor del IBEX-35 al cierre del día anterior multiplicado por la media de la relación entre la capitalización de las mejores propuestas de compra y de venta de los 35 valores componentes del IBEX con respecto a la capitalización al cierre de la sesión anterior.

Con la apertura del Mercado Continuo y la contratación de los valores que forman la cesta del índice comienza la evolución del mismo. Si por alguna causa se suspendiese la cotización de las acciones de una empresa, el precio considerado para calcular el índice sería la última cotización negociada antes de la suspensión. La fórmula para su cálculo es la siguiente:

$$\text{Índice}_{(t)} = \text{Índice}_{(t-1)} \times \frac{\sum_{i=1}^{35} Cap_{(t)}}{\sum_{i=1}^{35} Cap_{t-1} + J}$$

donde:

Cap = Capitalización (multiplicar el número de acciones por el precio por acción) de la empresa incluida en el índice.

$\sum_{i=1}^{35} Cap$ = Suma de las capitalizaciones de las 25 empresas que componen el índice.

t = Momento del cálculo del índice.

J = Coeficiente de ajuste del valor del índice por operaciones financieras que afectan a la capitalización considerada en el índice.

4.º Los ajustes

Los ajustes se realizan, como ya se ha indicado, para garantizar que el IBEX-35 no se vea afectado por determinadas operaciones y refleje siempre de forma correcta la evolución del mercado. Los ajustes que se pueden realizar son por ampliaciones de capital, obligaciones convertibles, por variación del valor nominal de las acciones y por fusiones y adquisiciones.

Hay que destacar que el IBEX-35 no se ajusta por dividendos. El resultado de ello es que si un inversor hipotéticamente comprase las 35 acciones que forman parte del índice y en la misma proporción, la rentabilidad que obtendría después de un cierto período sería superior a la del propio índice, ya que las acciones sí reparten dividendos.

a) Ajuste por ampliación de capital. El IBEX-35 se ajusta cuando alguna de las sociedades que lo componen realiza una ampliación de su capital con derechos de suscripción preferente. Tales ajustes serán efectivos el mismo día que las acciones empiecen a cotizar sin derecho preferente de suscripción en el Sistema de Interconexión Bursátil (SIBE). En tal fecha, y para el cálculo del índice, se aumentará el número de acciones de la sociedad asumiendo que la ampliación va a ser totalmente suscrita y simultáneamente se introducirá el ajuste, que en la fórmula de su cálculo, explicada anteriormente, se simboliza con J. En el caso de ampliaciones de capital que tengan suprimido el derecho preferente de suscripción, se incorporarán al índice en el momento de su admisión al SIBE, realizándose a su vez el correspondiente ajuste.

b) Emisión de obligaciones convertibles. Cada seis meses, y coincidiendo con la recomposición del índice, se procede a la incorporación de las acciones convertidas por los obligacionistas durante los seis meses anteriores. En el caso de que el número de acciones convertidas sea muy elevado se estudiará la inclusión antes de llegar a la siguiente redefinición.

c) Variación del valor nominal. Si alguna de las acciones que componen el índice altera su valor nominal, el IBEX-35 se ajustará en el momento en el que ocurra el hecho.

d) Fusiones y absorciones. El IBEX-35 se ajustará dependiendo de si tanto la absorbente como la absorbida pertenecen o no al índice de diferentes maneras, alterando la base de capitalización, siendo el ajuste efectivo el mismo día en el que se produce la operación.

Lectura de la tabla correspondiente al IBEX-35

En la prensa se realiza diariamente una descomposición y análisis de los diferentes valores que los componen atendiendo a la siguiente serie de características (véase figura 7):

Valor: Es el nombre del título correspondiente.

Precio cierre: El precio al que cerró el valor en la sesión en curso.

Variación pesetas: Variación con respecto el precio de cierre de la sesión anterior expresado en pesetas.

Variación %: Variación en proporción con respecto el precio de cierre de la sesión anterior.

Volumen títulos: Número de acciones intercambiadas

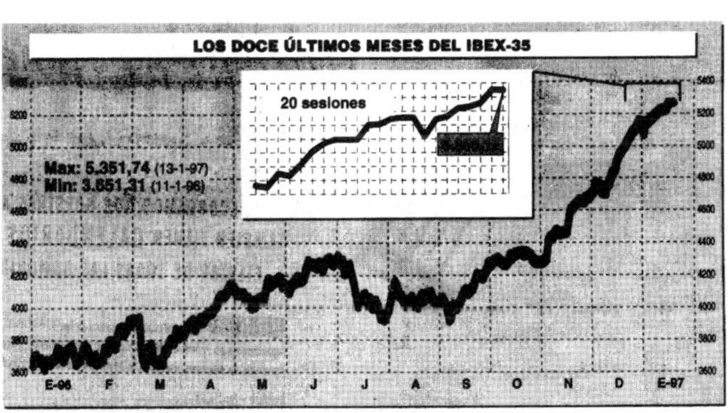

Figura 7.

Media diaria del mes anterior: Media aritmética del número de acciones intercambiadas.

Peso en el IBEX: Ponderación del título en el cálculo del índice. La ponderación busca que se refleje realmente la importancia del valor en el mercado.

Dividendos últimos 12 meses: Dividendo repartido en los 12 últimos meses.

Rentabilidad del dividendo: Porcentaje de los dividendos pagados en los 12 últimos meses sobre el precio de cierre del día. Este ratio tiene varios problemas; en primer lugar, muchas empresas reparten pocos dividendos y retienen mucho beneficio. No podemos en estos casos evaluar a las empresas por los dividendos que reparten.

Beneficio año × mil millones de pesetas: Beneficio obtenido por el valor en ese año; en ocasiones son estimaciones realizadas por una sociedad o agencia de valores.

BPA: Este ratio se calcula dividiendo el beneficio de la empresa entre el número de acciones de la misma.

Dividendo año *x*: Muestra el montante repartido vía dividendos el año en cuestión.

Pay-out: Establece la relación entre la cantidad destinada al pago de dividendos y el beneficio total obtenido, y sirve para indicar las posibilidades futuras de mantenimiento del dividendo y la política de autofinanciación de la sociedad.

PER (relación precio/beneficio, en inglés: *Price Earning Ratio*): es el ratio bursátil por excelencia y se obtiene a partir del cociente: Precio de la acción/Beneficio neto. Frecuentemente se producen discrepancias al considerar como dividendo el beneficio total que no tiene por qué coincidir con el repartido o el PER sobre beneficios publicados o beneficios previstos. Realmente el PER nos da una idea del número de veces que el valor de la acción contiene al beneficio que se ha obtenido con la misma, es decir, expresa la expectativa que el mercado tiene sobre el crecimiento de los beneficios empresariales (a mayor PER mayor crecimiento esperado de los beneficios, y lo contrario). Es válido, ante todo, para hacer comparaciones de títulos con características similares o pertenecientes a un mismo grupo de riesgo. Comparar el PER de una compañía eléctrica con el de una constructora tiene muy poco sentido. Por el contrario, obtener ratios de todo un grupo, más o menos homogéneo, es una medida de indudable interés.

Resumen

1. La CNMV vela por la transparencia de los mercados de valores, la correcta formación de los precios en los mismos y la protección de los inversores, y promueve la difusión de cuanta información sea necesaria para la consecución de estos fines.
2. El mercado continuo es un sistema de negociación informatizado que permite realizar transacciones durante un largo período de tiempo y sin fronteras espaciales, permitiendo el acceso directo de inversores de diferentes provincias.
3. El mercado de corros es un mercado con una negociación reducida en el tiempo, apenas unos minutos, que permite concentrar las ofertas y demandas de tal manera que los precios son más representativos de las tendencias del mercado.
4. Un índice bursátil es un sistema de medición de tipo estadístico que tiene por objeto reflejar la evolución en el tiempo del conjunto de los precios de los títulos cotizados en Bolsa o de sus rendimientos.
5. El índice IGBM tiene como fecha base el 31 de diciembre de 1985 y valor base de 100 puntos. El IBEX-35 tiene como fecha base el 31 de diciembre de 1989 con un valor base de 3.000 puntos.

Renta fija

Después de leer este capítulo usted deberá comprender:

- Qué son el Mibor y el Libor.
- Qué son las letras del Tesoro.
- Qué son los pagarés de empresa.
- Cuáles son los títulos hipotecarios.
- Qué son los bonos y las obligaciones del Estado.
- Qué son los bonos matador.
- Cómo se mide el riesgo a través de la *duración* y la *convexidad.*

Los activos financieros de renta fija

Un activo financiero es un contrato que concede al inversor ciertos derechos que deberán ser satisfechos en el futuro a cargo del emisor del mismo. Teniendo en cuenta que esos derechos y la forma de materializarlos pueden variar sustancialmente de una emisión a otra, la variedad de activos financieros, o títulos, de renta fija es tan amplia que hace realmente difícil el estudio de todos ellos.

El término *renta fija* es algo engañoso. En principio, prometen al inversor la recepción en el futuro de ciertos flujos de caja previamente especificados. Estos flujos pueden ser en realidad uno sólo, en cuyo caso se dice que es un título *cupón cero*. Si, por el contrario, la emisión consta de varios flujos de caja (por lo general, todos los flujos menos el último tendrán el mismo valor), nos referiremos a éstos con el nombre de *cupones*. Se denomina *fecha de vencimiento* o de *amortización* al momento en que el inversor no tiene derecho a recibir ningún flujo de caja más; en esta fecha, y junto con el último cupón, recibirá el *principal* o valor nominal del título. Pero no hay que olvidar que el emisor del título «promete» entregar todos los flujos de caja del contrato al inversor, y no siempre lo prometido coincide con lo efectivamente recibido. Por tanto, hay un cierto riesgo de que un flujo de caja determinado no se reciba en su totalidad o en el momento adecuado.

Para poder mostrar de una forma sistemática los principales activos financieros de renta fija los dividiremos en dos grandes grupos en función de su vencimiento:

- Emisiones del mercado monetario, caracterizadas por su corto plazo de amortización y alta liquidez.
- Obligaciones y bonos que se emiten en el mercado de capitales y tienen plazos de vencimiento superiores al año.

Los activos financieros a que nos vamos a referir constituyen un mercado de gran interés para empresas necesitadas de financiación, inversores poco dispuestos a afrontar riesgos excesivos e intermediarios deseosos de incrementar su negocio.

El mercado monetario

El mercado monetario se caracteriza porque los activos financieros que se intercambian en él tienen un corto plazo de amortización, una elevada liquidez y un bajo riesgo. Algunos de estos activos suelen tener altos valores nominales, lo que dificulta el acceso a los mismos por parte de los inversores individuales. Para que éstos últimos puedan invertir en dichos activos surgen los fondos de inversión en el mercado monetario[1], que aglutinan los recursos de muchos pequeños inversores, lo que les permite adquirir una gran variedad de títulos de dicho mercado.

Todos los activos del mercado monetario se negocian en mer-

---

[1] Los más famosos son los denominados FIAMM (Fondo de Inversión en Activos del Mercado Monetario), que están formados por títulos emitidos por el Estado. Pero también hay otros tipos de fondos de dinero invertidos en títulos emitidos por el Estado y por las empresas. Véase la parte correspondiente a los fondos de inversión que aparece en «Fondos de inversión».

cados secundarios, organizados, lo que permite dotarlos de la posibilidad de convertirlos en dinero líquido antes de su fecha de vencimiento. Además, su tenencia conlleva un riesgo limitado, ya que, o bien están emitidos por el Estado, grandes empresas o entidades financieras, o bien están respaldados por garantías reales (es el caso de los títulos hipotecarios).

Los activos que se negocian en los mercados monetarios son: letras del Tesoro, certificados de depósitos, pagarés de empresa, pagarés bancarios, títulos hipotecarios y bonos bancarios. Su importancia no se limita sólo al volumen vivo de emisiones, ni al número de agentes participantes en los mercados, ni al papel que alguno de ellos ha tenido (y tiene) en el desarrollo de la política monetaria, sino que su importancia ha radicado también en haber sido los introductores de una gran variedad de innovaciones financieras en nuestro país.

Por lo general, estos tipos de activos suelen emitirse *al descuento* (también denominado *tirón*), que consiste en que el inversor adquiere el título a un precio inferior a su valor nominal, recibiendo en el momento del vencimiento este último valor. Por tanto, su rendimiento real es superior al tipo nominal.

Antes de comenzar a analizar cada uno de los activos financieros que integran el mercado monetario es conveniente hablar, aunque sea someramente, del mercado interbancario, porque el tipo de interés que se negocia en dicho mercado resulta ser un punto de referencia clave para el mercado financiero en general. Las instituciones financieras acuden al mercado interbancario en calidad de prestamistas o de prestatarios y fijan el denominado *Mibor*, es decir, la tasa de interés ofertada en el mercado interbancario de Madrid *(Madrid interbank offered rate)* que, normalmente, se extiende desde un día hasta un año. En la tabla 11 se puede apreciar que el dinero prestado entre las entidades financieras puede tener un horizonte temporal: de un día para otro[2], de una semana, de un mes, de dos

---

[2] En inglés se denomina *overnight* al período de tiempo que transcurre desde que se cierra el mercado de que se trate hasta que se vuelve a reabrir. La tasa de interés *overnight* es la de más corto plazo utilizada.

meses, de tres meses, de seis meses e, incluso, de un año. Los porcentajes representativos de los diversos plazos del Mibor se expresan en términos nominales anuales; así, por ejemplo, el tipo Mibor a un mes en términos mensuales es igual a dividir 6,35% entre 12. Por otra parte, en dicha tabla también se puede consultar cuánto ha variado el Mibor con respecto al día anterior, cuál era su valor el mes precedente y cuánto valía hace un año.

Es conveniente que el lector sepa que en el mercado financiero, debido a los ínfimos porcentajes que se manejan, sobre todo cuando se habla de variaciones diarias, se suele utilizar una medida más pequeña que el simple tanto por ciento denominada *punto básico*. Éste es la centésima parte de una unidad, es decir, equivale a un 0,01%. Así pues, la variación diaria del Mibor del 0,08% se puede expresar como una variación de 8 puntos básicos[3]. Este sistema de medida se puede generalizar, y así, podríamos decir que el Mibor a seis meses ha descendido 272 puntos básicos desde hace un año, o 29 puntos básicos desde el último mes.

Tabla 11

Mibor el día 26 de diciembre de 1996

Depósitos interbancarios					
26 dic.	Importe MM de ptas.	Tipo medio	Var. en el día	Hace un mes	Hace un año
Día a día	1.365,2	6,28	0,08	6,89	9,21
semana	13,7	6,37	0,05	6,93	9,21
1 mes	36,5	6,35	–0,01	6,80	9,18
3 meses	3,2	6,31	–0,04	6,53	9,10
6 meses	0,5	6,05	–0,05	6,34	9,06
1 año	0,5	5,91	–0,06	6,22	8,92

Fuente: Banco de España.

[3] En el argot del mercado al punto básico se le llama «pipo».

El Mibor es utilizado como un tipo de interés de referencia para bastantes operaciones financieras como pueden ser los préstamos, las permutas financieras (o *swaps*), etc. Por otro lado, conviene saber que el tipo de interés interbancario más famoso a nivel internacional es el de Londres, más conocido como *Libor (London interbank offered rate)*, que además tiene varios valores según sea la moneda en que se preste (algunos de los cuales se muestran en la tabla 12) y que se toma como referencia internacional de los préstamos a corto plazo.

Tabla 12

Libor el día 14 de marzo de 1997 para las principales divisas

	1 semana	1 mes	2 meses	3 meses	6 meses	12 meses
Dólar	5,37	5,43	5,53	5,59	5,75	6,10
Marco	3,12	3,28	3,26	3,27	3,28	3,39
Franco suizo	1,93	2,00	1,93	1,91	1,91	1,93
Yen	0,43	0,51	0,51	0,51	0,52	0,53
Ecu	4,25	4,25	4,25	4,25	4,26	4,31
Peseta	5,84	5,93	5,93	5,82	5,77	5,77
Libra	6,00	6,09	6,18	6,25	6,42	6,68
Lira	7,50	7,43	7,43	7,40	7,31	7,22
Franco francés	3,31	3,31	3,32	3,37	3,42	3,56

Fuente: JP Morgan.

Letras del Tesoro

Las letras del Tesoro representan la forma más simple de endeudamiento. Los inversores las adquieren *al descuento* sobre su valor nominal, el cual recibirán en la fecha de vencimiento. La ganancia será la diferencia entre el valor nominal y el precio pagado inicialmente por ellos. Sus características principales son las siguientes:

1. Se emiten al descuento, por un nominal de un millón de pesetas y a un plazo que usualmente suele ser de doce meses, aunque también hay emisiones a tres, seis y dieciocho meses.
2. Se representan únicamente en *anotaciones en cuenta*, por lo que no tienen existencia física.
3. Los rendimientos de las letras del Tesoro no están sujetos a retención fiscal, pero las entidades gestoras y la Central de Anotaciones han de cumplir las obligaciones de información a la Administración Tributaria.
4. Las peticiones pueden ser *competitivas* o *no competitivas*. Las primeras consisten en solicitar una cantidad determinada de títulos a un precio especificado y sólo es atendida si dicho precio es suficientemente alto en comparación con las ofertas similares de otros competidores; mientras que las no competitivas son ofertas sin condiciones en las que sólo consta el volumen y cuyo precio será el promedio de las ofertas competitivas finalmente aceptadas.
5. Los inversores pueden adquirir las letras directamente a través de la subasta *competitiva* o en el mercado secundario comprándoselas a un intermediario financiero. Son un activo financiero muy líquido, que es fácil de convertir en dinero y que se vende a unos bajos costes de transacción.

Ordinariamente las subastas se celebran cada quince días, pudiendo realizar peticiones tanto los titulares de cuentas en la Central de Anotaciones como cualquier persona física o jurídica no titular. En este último caso las peticiones se han de canalizar a través de las entidades gestoras (instituciones financieras autorizadas por el Banco de España para comprar, vender o custodiar títulos de Deuda Pública en nombre de terceros) o directamente en el Banco de España [4].

---

[4] En este caso deberá acompañarse un justificante acreditativo de haber depositado el 2% del nominal solicitado en alguna entidad gestora.

Una vez que la Dirección General del Tesoro fija el volumen de letras que se va a conceder, se determina el precio marginal de la subasta, que es el que corresponde a la última puja aceptada (la más cara para el Tesoro), para lo que previamente es necesario jerarquizar las peticiones comenzando por el mejor precio desde el punto de vista del emisor, el Tesoro, y terminando por el peor para éste. Todas las pujas competitivas con precio igual o superior al marginal quedan dentro de la subasta. También se adjudican todas las no competitivas al precio medio ponderado.

Veamos con un ejemplo la forma de adjudicación. Supongamos que los precios ofertados y los volúmenes solicitados en las peticiones competitivas son los siguientes:

Precios ofertados (%)	Importe solicitado (millones de pesetas)
89,7	2.000
89,5	3.000
89,3	5.000
89,1	4.000
89,0	4.000

El volumen solicitado en las peticiones no competitivas asciende a 4.000 millones de pesetas. Supongamos que el Tesoro decide emitir 17.000 millones de pesetas (4.000 de no competitivas y 13.000 de competitivas).

Precio marginal: 89,1%.

Precio medio ponderado: 89,36%. Se calcula ponderando los precios por las cantidades de las adjudicaciones competitivas:

$$89{,}7\% \times 2/13 + 89{,}5\% \times 3/13 + 89{,}3\% \times 5/13 + 89{,}1\% \times 3/13 = 89{,}36\%$$

El sistema de subasta supone que todas las peticiones que se sitúen entre el precio marginal y el medio se adjudican al precio ofrecido. Así, las peticiones realizadas al tipo marginal se adjudicarán al 89,1% y las que se encuentren entre este último y el tipo medio, es decir, las que ofertaron un precio del 89,3%, se adjudicarán a dicho precio, mientras que aquellas peticiones que se sitúen por encima del precio medio se adjudican a este mismo precio. En nuestro ejemplo se adjudicarían al precio medio 5.000 millones (= 2.000 + 3.000), a un precio intermedio, 5.000 millones y al marginal, 3.000 millones. Por último, todas las no competitivas van al precio medio ponderado.

Por ejemplo, en la tabla 13 se muestran los datos de las emisiones de letras del Tesoro al día 26 de diciembre de 1996.

Tabla 13

Últimas subastas de letras del Tesoro

Plazo	Emisión	Importe	T/i marginal	T/i medio
6 meses	20 dic.	150.637	5,949	5,920
1 año	13 dic.	319.203	5,900	5,872

Fuente: InterMoney (26 de diciembre de 1996).

Cálculo de su rendimiento

Supongamos los siguientes datos:

Fecha de emisión:	13 de diciembre de 1996.
Fecha de amortización:	15 de diciembre de 1997.
Precio mínimo aceptado:	939.852 pesetas.
Valor nominal de la letra:	1.000.000 pesetas.
Precio medio resultante:	940.138 pesetas.

A la vista de estos números cabe preguntarse cómo se calcula el rendimiento de las letras del Tesoro, es decir, el tipo de interés anual que se obtiene con la inversión. Para calcularlo hay que tener en cuenta la cantidad efectiva pagada por el suscriptor y lo que se recibirá en la amortización, así como el número de días transcurridos entre un momento y otro.

Al emitirse las letras al descuento el precio efectivo pagado es inferior a 1.000.000 de pesetas, que será el valor de reembolso en el momento de su amortización. El rendimiento que aparece en la cotización de las letras del Tesoro en muchos mercados de valores se denomina «tasa de descuento bancaria» (TDB) y se calcula de la siguiente forma:

$$\text{TDB} = 100 \times \frac{1.000.0000 - \text{Precio medio}}{1.000.000} \times \frac{360}{\text{Núm. de días}}$$

En nuestro caso, haciendo operaciones veríamos que el TDB es igual al 5,872%. Pero éste no es el verdadero rendimiento que obtiene el inversor, el cual viene dado por la «tasa anual equivalente» o TAE, que calcula el rendimiento anual obtenido a lo largo de la vida del título[5]:

$$\text{TDB} = 100 \times \frac{1.000.0000 - \text{Precio medio}}{\text{Precio medio}} \times \frac{360}{\text{Núm. de días}}$$

tomando los datos anteriores:

$$\text{TAE} = 100 \times \frac{1.000.0000 - 940.138}{940.138} \times \frac{360}{367}$$

[5] Este método no es del todo exacto puesto que utiliza el método de descuento simple en lugar de utilizar el compuesto, y además no considera las comisiones de compra y de reembolso y, por último, utiliza el año comercial de 360 días en lugar del natural de 365 ó 366 días. En todo caso, es el utilizado por la Dirección General del Tesoro para calcular la TAE.

Si los días a lo largo de los que se extiende el vencimiento de la letra superasen los 376, para calcular la TAE se suele aplicar la siguiente expresión basada en el tipo de interés compuesto con objeto de obtener el tipo efectivo del mismo (r) y utilizando el año natural (la DGT opta por calcularla en el año comercial):

$$r = \left[\frac{\text{Nominal}}{\text{Efectivo}}\right]^{365/d} - 1$$

Las expresiones financieras mostradas anteriormente son utilizables en el caso de que las letras se vendieran en el mercado secundario antes de su vencimiento sin más que sustituir el precio medio por el precio de compra y el valor nominal del título por el precio de venta.

El mercado secundario de letras del Tesoro. Los repos

Las operaciones de mercado secundario que se realizan a través del sistema de anotaciones pueden ser:

a) Hasta el vencimiento del título.
b) Con pacto de recompra del título, cuando el vendedor se compromete a recomprarlo en un plazo determinado y a un precio prefijado superior al de adquisición.

A este último tipo de operaciones se le conoce como *repos* (del inglés *repurchase agreements*), operaciones *de dobles* o *cesión temporal de activos*, que consisten en un acuerdo por el que una parte vende a la otra una determinada cantidad de letras cobrando por ello un precio especificado y comprometiéndose a la recompra de aquéllas en el plazo y precio que se establezcan en el momento del acuerdo. También podría darse el caso contrario, en el que el intermediario financiero encuentra a un inversor que posee títulos del Estado y se los compra para revendérselos en una fecha futura a un precio especificado más alto; esta operación se denomina en inglés *reverse repos*.

La ventaja de esta forma de proceder es clara: ambas partes conocen de antemano los precios de compra y de recompra y, por tanto, la rentabilidad de la operación.

Este tipo de operaciones se agrupa en dos segmentos diferenciados:

a) Operaciones *repo* realizadas por los titulares de una cuenta en la Central de Anotaciones. Son una forma de mercado interbancario en el que dichas operaciones son una variante de las operaciones de depósito a un día, una semana, un mes, etc., pero con una garantía: los propios títulos.

b) Operaciones de cesión de letras de la propia cartera de valores de las entidades gestoras a sus clientes. Estas son un tipo de operaciones muy difundidas que respaldan gran parte de las denominadas «cuentas financieras» de las entidades de depósito.

Como en cualquier préstamo, las características importantes de un *repo* son el plazo, el tipo de interés, el volumen y que carecen de las retenciones del 25%. Un *repo* puede ser de un día para otro, a plazo fijo (se especifica una fecha futura determinada y un tipo fijo de interés) o abierto (las dos partes negocian un nuevo tipo de interés diariamente, y si no se ponen de acuerdo el *repo* finaliza). Los *repos* más usuales tienen un plazo diario o como mucho igual o inferior a un año (véase la tabla 14).

Tabla 14

Repos en letras del Tesoro el día 14 de marzo de 1997

Plazo	1 día	2 a 5 días	1 semana	5 días	1 mes	2 meses	3 meses
Importe	286.054	50	11.896	102.249	1.181	602	1.927
Tipo medio	5,70	5,68	5,63	5,76	5,72	5,70	5,62
Tipo máximo	5,80	5,68	5,80	5,80	5,72	5,70	5,62
Tipo mínimo	5,60	5,68	5,60	5,75	5,70	5,70	5,62

Fuente: Banco de España.

La expresión del tipo de interés efectivo del repo es igual a[6]:

$$\text{TAE} = \frac{\text{Precio de venta} - \text{Precio de compra}}{\text{Precio de compra}} \times$$

$$\times \frac{360}{t} \times 100$$

Pagarés de empresa

El *pagaré de empresa* es un título emitido al descuento que incorpora una obligación de pago al vencimiento por parte del emisor, el cual habitualmente es una gran empresa industrial, comercial o financiera.

Normalmente se emiten a corto plazo (tres, seis, o doce meses), pero este aspecto no se puede considerar como una regla y los vencimientos no son fijos, sobre todo en aquellos casos de emisiones a la medida. Los nominales más corrientes suelen oscilar entre las 250.000 pesetas y el millón. La emisión puede ser: *a*) en serie (figuran registrados en la CNMV), y *b*) a la medida (no están registrados en la CNMV). A la hora de emitirlos se puede hacer mediante subasta competitiva, sobre todo si se trata de pagarés en serie emitidos por grandes compañías, acudiendo a la subasta las entidades financieras seleccionadas por el emisor; también pueden adjudicarse directamente a un cliente determinado, y, por último, se pueden adquirir al tipo medio de la subasta a través del mercado secundario.

El principal objetivo perseguido por las empresas emisoras de tales títulos es la obtención de liquidez, puesto que es una fuente financiera más. Pero, además, pretenden reducir el coste de su financiación a través de la captación de recursos a corto plazo directamente de los ahorradores.

[6] Con las mismas salvedades expuestas en la nota a pie de página número 5.

Sin embargo, las emisiones de pagarés de empresa son mayoritariamente canalizadas a través de las instituciones financieras, prestando servicios de colocación, aseguramiento, líneas de crédito subsidiarias, etc. Participar en la distribución de productos financieros les permite obtener una rentabilidad, aunque siempre inferior a si lo comparamos con la propia labor de intermediación tradicional. Existen otros canales alternativos de colocación de pagarés como, por ejemplo, la colocación directa entre empresas con relaciones financieras o comerciales o la distribución intermediada por otros agentes mediadores (sociedades de valores fundamentalmente).

En general, las emisiones de pagarés están reservadas a aquellas empresas con capacidad de endeudamiento en los mercados no bancarios. Son empresas no financieras de gran tamaño y solvencia reconocida (Endesa, Iberdrola, Telefónica, etcétera), que con anterioridad han emitido de forma habitual o esporádica (véase la tabla 15).

El mercado secundario que radica principalmente en la Bolsa o en el mercado *AIAF* (Asociación de Intermediarios en Activos Financieros) se basa en los títulos depositados previamente en la misma en el momento de su emisión, negociándose sobre las

Tabla 15

Subastas de pagarés

Emisor	Plazo	Demanda	Adjud.	T. marg.	T. medio	Subasta	Emisión
Vallehermoso	3 m.	1.100	800	6,310	6,310	7-1-97	8-1-97
Jta. Andalucía	3 m.	4.100	500	6,280	6,280	7-1-97	10-1-97
Gen. Valen.	3 m.	1.025	275	6,250	6,250	7-1-97	
Red Eléc.	3 m.	800	100	6,270	6,270	3-1-97	3-1-97
Endesa	3 m.		100	6,250	6,250	3-1-97	7-1-97
Iberdrola	3 m.	5.600	4.800	6,450	6,348	30-12-96	9-1-97
Gen. Valen.	6 m.	1.500	1.125	6,100	6,100	30-12-96	8-1-97
Hidrocan.	3 m.		300	6,302	6,299	23-12-96	30-12-97
	6 m.		300	6,085	6,072		

Fuente: *Cinco Días*, de 10 de enero de 1997.

referencias técnicas de los pagarés en operaciones tanto al vencimiento como con pacto de recompra.

Los títulos hipotecarios

Cédulas hipotecarias

Son títulos garantizados por todos los créditos hipotecarios concedidos por la entidad emisora. Normalmente se emiten desde uno a tres años y por su liquidez se pueden incluir dentro de los títulos que se negocian en los mercados monetarios.

Pueden emitir cédulas hipotecarias las entidades oficiales de crédito, las cajas de ahorro y las sociedades de crédito hipotecario, además de la Caja Postal, banca pública y privada y las cooperativas de crédito. Pueden ser títulos nominativos, a la orden o al portador. Su tipo de interés puede ser fijo o variable (también se le denomina *flotante*).

Los tenedores de cédulas son acreedores privilegiados del emisor, estando garantizados capital e intereses por las hipotecas inscritas a favor del mismo, sin perjuicio de la responsabilidad patrimonial universal que también existe.

En la tabla 16 se pueden observar las últimas cuatro emisiones de cédulas realizadas por el Banco Hipotecario. Como se aprecia, su cupón es fijo (F) y del 9,75% en todos los casos y la fecha de pago de las cuatro emisiones fue en julio de 1996. En la última columna figura el precio.

Bonos hipotecarios

La característica que los diferencia es que están garantizados por un crédito, o grupo de créditos hipotecarios, en concreto. Cada emisión ha de quedar vinculada mediante escritura pública a los créditos hipotecarios que la garantizan, no pudiendo, su vencimiento medio y sus intereses superar a los de tales créditos. Su vencimiento suele oscilar entre uno y tres años.

Tabla 16

Últimas cédulas hipotecarias emitidas

Emisor	Importe	Nominal	Cupón	F/V	Pago	Fecha	Vcto.	Precio
B. Hipotecario	2.100	1 millón	9,750	F	12 m	4-7-96	6-4-99	106,061
B. Hipotecario	1.400	1 millón	9,750	F	12 m	4-7-96	6-4-99	108,366
B. Hipotecario	600	1 millón	9,750	F	12 m	4-7-96	1999	104,806
B. Hipotecario	2.200	1 millón	9,750	F	12 m	4-7-96	2000	107,150

Fuente: GBA. *Cinco Días*, de 10 de enero de 1997.

Al igual que ocurre con las cédulas hipotecarias, los tenedores de los bonos son acreedores privilegiados del emisor, estando garantizados capital e intereses por las hipotecas inscritas a favor del mismo. Las emisiones, además, no precisan inscripción registral y están exentas del Impuesto de Transmisiones Patrimoniales.

Participaciones hipotecarias

Son títulos nominativos mediante los que la entidad emisora puede hacer participar a terceros de un crédito o una parte del mismo. La entidad emisora continúa siendo la legitimada para ejecutar las hipotecas, pero se transmiten los riesgos al tercero. Los créditos hipotecarios de características similares (tipos de interés y vencimiento del crédito) se agrupan en un paquete, del que se repartirán las participaciones. Los propietarios de las mismas recibirán los pagos por intereses y el principal en el momento de ser efectuados por los prestatarios del crédito, menos una comisión.

Sus principales características son:

— Son títulos nominativos, que representan la participación en un crédito hipotecario determinado.

— Pueden ser muy útiles para financiar grandes obras de infraestructura, inmuebles, etc., puesto que vienen a ser un crédito hipotecario sindicado.
— Los titulares de las participaciones tendrán acción ejecutiva contra el emisor siempre que el incumplimiento de sus obligaciones no se deba a la falta de pago de deudor en cuyo préstamo hipotecario se participa. Si éste incumpliese sus obligaciones, tanto el tenedor de la participación como el emisor concurrirán contra el deudor.

Desde el punto de vista del inversor hay que tener en cuenta que los rendimientos de los títulos hipotecarios están sujetos a retención como rendimientos del capital mobiliario. Por otro lado, suelen gozar de un mercado secundario muy ágil, puesto que pueden ser transmitidos sin la necesidad de un fedatario público, ni notificación al deudor.

Bonos de titulización hipotecaria

La titulización consiste en la agrupación de un gran número de activos (préstamos hipotecarios, en este caso) en una sociedad instrumental constituida al efecto y que, simultáneamente, emite unos valores garantizados únicamente por dichos activos. Los pagos de principal e intereses relacionados con dichos valores están cubiertos por los cobros del principal e intereses derivados de los préstamos. La titulización hipotecaria está regulada en España por la Ley 19/1992, de 7 de julio, sobre Régimen de Sociedades y Fondos de Inversión Inmobiliaria y sobre Fondos de Titulización Hipotecaria.

Los bonos del Estado

A partir de ahora, en este epígrafe y en los que le siguen nos vamos a referir a aquellos activos financieros de renta fija, emitidos a medio y largo plazo por agentes tanto públicos como privados, que se negocian en el mercado de capitales.

El primero de los activos que vamos a estudiar será el bono del Estado. Es un título de renta fija que se encuentra representado mediante anotaciones en cuenta y con un valor nominal de 10.000 pesetas. Su plazo de amortización suele ser de tres o cinco años. Los pagos de intereses se realizan con carácter semestral o anual (este último vencimiento es el más utilizado en la actualidad). Su emisión se realiza mediante una subasta mensual.

El mercado secundario de estos bonos se realiza a través de la Central de Anotaciones del Banco de España (éste es el registro de referencias contables de deuda del Estado anotada conforme al cual su titular tiene un derecho frente al Tesoro, que se encuentra documentado en un registro informatizado), tal y como puede verse en la tabla 17, donde aparecen los siguientes datos:

Tabla 17

Cotización de los bonos del Estado en el mercado de Deuda del Estado anotada el día 14 de marzo de 1997

MERCADO DE DEUDA DEL ESTADO ANOTADA

□□ BONOS Y OBLIGACIONES (Compraventa simple al contado) **14-III-97**

Emisión		Amortizaciones	Próx. cupón	Cupón cor. ptas./mill.	Último Prec. med.	Último Fecha	Núm. oper.	Importe contratado	Precio (ex-cupón) Medio	Precio (ex-cupón) Máximo	Precio (ex-cupón) Mínimo	Rend. int. medio
O	8,10	30-Jl-01/30	30-Jl-97	9.621,5	100,055	04-En-93	--	--	--	--	--	--
O	10,75	30-En-99/30	30-Jl-97	12.769,3	108,3	18-Oc-96	--	--	--	--	--	--
O	12,25	25-Mz-00/25	25-Mz-97	118.808,2	117,331	14-Mz-97	2	800	117,331	117,350	117,300	5,80
O	11,30	15-En-02/15	15-En-98	17.956,2	120,753	14-Mz-97	12	5.129	120,753	120,860	120,560	6,18
B	11,00	15-Jn-97/15	15-Jn-97	81.972,6	101,095	11-Mz-97	--	--	--	--	--	--
O	10,30	15-Jn-02/15	15-Jn-97	76.756,2	117,583	14-Mz-97	7	4.535	117,583	117,700	117,400	6,24
B	11,45	30-Ag-98/30	30-Ag-97	61.484,9	107,6	14-Mz-97	2	1.000	107,600	107,600	107,600	5,74
O	10,90	30-Ag-03/30	30-Ag-97	58.531,5	122,329	14-Mz-97	3	3.500	122,329	122,400	122,300	6,52
O	10,50	30-Oc-03/30	30-Oc-97	38.835,6	120,506	14-Mz-97	21	33.907	120,506	120,690	120,100	6,56
B	10,25	30-No-98/30	30-No-97	29.205,5	107,117	14-Mz-97	6	5.000	107,117	107,160	107,080	5,70
B	8,30	15-Di-98/15	15-Di-97	20.238,4	104,12	14-Mz-97	16	10.465	104,120	104,200	104,000	5,72
O	8,20	28-Fe-09/28	28-Fe-98	3.145,2	108,904	14-Mz-97	3	600	108,904	108,950	108,800	7,06
O	8,00	30-My-04/30	30-My-97	63.123,3	107,29	14-Mz-97	2	200	107,290	107,300	107,280	6,68
B	7,30	30-Jl-97/30	30-Jl-97	45.400,0	100,444	13-Mz-97	--	--	--	--	--	--
B	7,40	30-Jl-99/30	30-Jl-97	46.021,9	103,767	14-Mz-97	8	4.625	103,767	103,820	103,650	5,63
O	10,00	28-Fe-05/28	28-Fe-98	3.835,6	119,091	14-Mz-97	5	6.100	119,091	119,280	118,931	6,80
B	9,90	31-Oc-98/31	31-Oc-97	36.345,2	106,267	14-Mz-97	7	6.300	106,267	106,350	106,150	5,67
B	10,10	28-Fe-01/28	28-Fe-98	3.874,0	113,935	14-Mz-97	38	22.650	113,935	114,160	113,720	6,02
O	10,15	31-En-06/31	31-En-98	11.679,5	121,032	14-Mz-97	10	6.104	121,032	121,200	120,600	6,89
B	9,40	30-Ab-99/30	30-Ab-97	81.895,9	107,078	14-Mz-97	27	19.941	107,078	107,150	107,000	5,73
B	8,40	30-Ab-01/30	30-Ab-97	73.183,6	108,389	14-Mz-97	26	15.300	108,389	108,550	108,150	6,02
O	8,80	30-Ab-06/30	30-Ab-97	76.668,5	112,39	14-Mz-97	95	51.877	112,390	113,531	111,950	6,91
B	7,80	31-Oc-99/31	31-Oc-97	28.635,6	105,08	14-Mz-97	21	9.120	105,080	105,150	104,900	5,62
O	8,70	28-Fe-12/28	28-Fe-98	3.337,0	114,175	13-Mz-97	--	--	--	--	--	--
B	7,90	28-Fe-02/28	28-Fe-98	3.030,1	107,054	14-Mz-97	83	38.319	107,054	107,250	106,730	6,19
B	6,75	15-Ab-00/15	15-Ab-98	0,0	102,156	14-Mz-97	3	60.964	102,156	102,300	101,900	5,78
O	7,35	31-Mz-07/31	31-Mz-98	0,0	102,305	14-Mz-97	20	81.449	102,305	102,600	101,950	6,99

Fuente: Banco de España.

1.º El *tipo de emisión,* que viene representado por el tipo de interés del cupón. Por ejemplo, 7,40 indica que el valor nominal del bono multiplicado por 0,0740 dará el valor del cupón (la O indica obligaciones y la B bonos; en este caso estamos analizando estos últimos).

2.º La *fecha de amortización,* que sirve para calcular tanto los días que restan hasta la misma como el rendimiento interno (TIR) de la emisión e, incluso, la fecha de pago de los cupones cuando éstos se reparten anualmente. Por ejemplo, 30-Jl-99.

3.º El *próximo cupón* a pagar. Por ejemplo, el 30-Jl-97 tendrá lugar el pago del próximo cupón de la emisión que utilizamos como ejemplo.

4.º El *cupón corrido.* Si un inversor deseara comprar en el mercado secundario una emisión de bonos del Estado deberá pagar no sólo el precio de mercado de la misma (precio ex cupón), sino también el valor del *cupón corrido,* esto es, la parte proporcional del primer cupón que va a cobrar y a la que tiene derecho el vendedor del título, que se calcula mediante una *base actual/actual*, es decir, dividiendo los días reales que han transcurrido desde la fecha de vencimiento del último cupón hasta la fecha de venta del bono entre los días reales existentes entre las dos fechas consecutivas de vencimiento de los cupones. Así, por ejemplo, si una emisión paga los cupones anualmente y un inversor la adquiere cuando faltan 25 días para recibir el cupón, deberá pagar, además del precio de mercado, las 340/365 partes del valor de dicho cupón que le corresponden al vendedor; luego si el cupón es de 134.500 pesetas, el cupón corrido será de 125.287,7 pesetas. En nuestro ejemplo, el cupón corrido es de 46.091,9 pesetas por millón.

5.º El *último precio medio,* que indica el último precio cotizado del bono después de detraerle el cupón corrido y mostrado en forma de porcentaje (103,767).

6.º *Última fecha*. Muestra la fecha del último día en la que se negoció el bono en cuestión (14-Mz-97).

7.º El *número de operaciones*, que nos indica la cantidad de transacciones que, de ese bono en concreto, han existido a lo largo de la sesión (por ejemplo, 8).
8.º El *importe contratado*, que indica a cuánto han ascendido todas las operaciones de la sesión sobre un bono determinado (por ejemplo, 4.625 millones de pesetas).
9.º El *precio (ex cupón)*, que muestra el precio sin el cupón corrido al que se ha negociado el bono en la sesión del día. Aparecen los precios *medio* (103,767), *máximo* (103,820) y *mínimo* (103,650).
10.º El rendimiento interno o *TIR* promedio, que indica la tasa de rentabilidad media del bono de acuerdo a los precios habidos durante la sesión. Por ejemplo, el 5,63%.

Por otra parte, también existen *repos* sobre bonos y obligaciones del Estado, tal y como puede verse en la tabla 18, cuyo máximo plazo será el que exista entre el pago de dos cupones consecutivos menos un día (carecen de retención fiscal).

Tabla 18

Repos en bonos y obligaciones del Estado el día 14 de marzo de 1997

	1 día	2 a 5 días	1 semana	15 días	1 mes	3 meses
Importe	199.095	—	2.340	59.974		
Tipo medio	5,60%	—	5,70%	5,70%		

Fuente: Banco de España.

El cálculo del rendimiento de un bono del Estado

Supongamos la fecha del 13 de marzo de 1995 como la de una subasta de bonos a tres años. El valor nominal de cada bono es de 10.000 pesetas, el tipo de interés nominal del cupón es del 10,65% y el precio de suscripción es de 9.925 pesetas.

Los intereses se pagan anualmente el día 15 de marzo de cada año. La estructura de los flujos monetarios a lo largo del tiempo será la siguiente:

–9.925	1.065	1.065	1.065 + 10.000
13/3/95	15/3/96	15/3/97	15/3/98

$$9.925 = (1+r)^{-2/365} \times \left[\frac{1.065}{1+r} + \frac{1.065}{(1+r)^2} + \frac{11.065}{(1+r)^3} \right]$$

Resolviendo: $r = 10{,}955\%$.

Obligaciones del Estado

Las obligaciones del Estado también tienen un nominal de 10.000 pesetas y un plazo de amortización que se extiende a los diez o a los quince años. Los cupones vencen anualmente (aunque también podrían hacerlo semestralmente). Se emiten mediante subasta mensual, la cual es similar a la de los bonos del Estado. Existe también un mercado secundario (véase la tabla 17) y uno de *repos* (véase la tabla 18).

Sus rendimientos están igualmente sujetos a retención a cuenta de los impuestos sobre la renta y sociedades y se suscriben de la misma forma que los bonos del Estado, siéndoles de aplicación la misma normativa.

El mercado secundario de las obligaciones empresariales

Las obligaciones emitidas por las empresas pueden ser admitidas a cotización en los mercados de valores oficiales como, por ejemplo, la Bolsa de Madrid o el mercado AIAF. Así, por ejemplo, en la tabla 19 se muestra un ejemplo de cotización en el primero de ambos donde figuran:

a) El *nombre de la empresa emisora* (por ejemplo, B.E.I.-Nov.96/06).

b) El *tipo de interés* pagado (por ejemplo, 7,00%).

c) La *primera fecha de amortización* posible (por ejemplo, 18-11-06).

d) El *precio ex cupón* con sus valores mínimo, máximo y medio ponderado expresados en porcentaje sobre el valor nominal de la obligación (por ejemplo, 99,96;102,00;101,06).

e) La *tasa de rendimiento interna* ponderada (por ejemplo, 6,97%).

f) El *precio medio anterior y la fecha* en que se negoció (por ejemplo, 101,25 el día 13 de marzo)

g) *Volumen de negociación* expresado en términos nominales y efectivos (por ejemplo, 19.870.000 pesetas en términos nominales que correspondieron a 20.527.044 pesetas en términos efectivos).

Tabla 19

Ejemplo de cotización en la Bolsa de Madrid de bonos y obligaciones empresariales el día 14 de marzo de 1997

RENTA FIJA/BOLSA DE MADRID — **14-3-97**

MERCADO BURSATIL ELECTRONICO

EMISION			Precio (% ex cupón)			T.I.R.	Precio medio ant.		Volumen	
Nombre emisor (fecha emisión)	Tipo interés	1.ª amort. posible	Mínimo	Máximo	Medio ponder.	medio ponder.	Fecha	Precio	Nominal	Efectivo
B.E.I. Nov. 96/06	7,00	18-11-06	99,96	102,00	101,06	6,97	13-03	101,25	19.870.000	20.527.044
Aucalsa Jul. 96	9,30	24-07-02	122,05	122,45	122,09	4,57	13-03	122,28	15.800.000	19.644.495
BCH Nov. 93/C	8,55	29-12-99	106,80	106,80	106,80	0,00	11-03	107,50	11.310.000	12.079.080
Aut. Atl. May. 96	7,75	17-05-06	120,00	121,75	121,12	4,84	13-03	120,00	4.700.000	5.778.822
C. Galicia 88/A	9,25	30-09-08	100,00	100,00	100,00	0,00	13-03	100,00	5.000.000	5.000.000
Aucalsa May. 96	7,75	17-05-06	121,00	122,00	121,31	4,82	13-03	122,05	4.000.000	4.925.790
Acesa Mar. 93	10,00	29-03-98	108,00	108,00	108,00	2,17	13-03	108,00	3.100.000	3.645.259
C. Orense Jun. 92	5,75	25-06-12	101,12	102,00	101,24	0,00	13-03	102,00	3.600.000	3.644.875
Aut. Atl. May. 96	7,75	17-05-06	120,00	121,90	121,10	4,85	13-03	121,00	2.800.000	3.442.128
Renfe Abr. 95	10,75	10-04-99	107,75	108,00	107,84	6,61	12-03	107,50	2.550.000	3.003.978
C. Orense Dic. 88	10,00	25-06-99	102,00	103,50	102,26	0,00	13-03	103,50	2.800.000	2.863.500
C. Pontev. Jul. 88	8,00	16-08-98	101,25	103,00	101,56	0,00	13-03	103,00	2.800.000	2.843.750
C. Orense Jul. 95	5,87	20-07-15	100,62	101,00	100,69	0,00	13-03	101,00	2.700.000	2.718.750
Aut. Atl. May. 95	9,40	16-05-02	122,50	122,73	122,65	4,41	12-03	122,00	2.150.000	2.685.809
Aut. Nav. Dic. 95	8,65	11-12-05	126,00	128,75	126,77	4,82	13-03	125,80	1.700.000	2.192.727
Banesto Ene. 93	12,75	16-01-98	107,10	107,10	107,10	0,00	11-03	107,00	2.000.000	2.142.000
Acesa May. 92	10,00	25-05-97	102,01	102,25	102,11	0,00	13-03	102,25	1.800.000	1.982.596

Fuente: Expansión.

En la tabla 20 se muestra la cotización de bonos y obligaciones en el mercado AIAF cuyos epígrafes son similares a los de la tabla 19.

Tabla 20

Ejemplo de cotización en el mercado AIAF de bonos y obligaciones empresariales el día 14 de marzo de 1997

BONOS Y OBLIGACIONES **14-III-97**

EMISOR	Fecha de vencim.	Cupón	Núm. de operac.	Importe contrata	Precio (ex cupón)			Rend. int. medio	Ante. precio med. (fecha)	
					Máximo	Mínimo	Medio			
Entre miembros:										
Iberdrola	15-07-03	10,50	1	300,00	119,20	119,20	119,20↓	6,66	119,26	13-03-97
Gen. Valencia	15-12-04	6,25	1	150,00	93,83	93,83	93,83↓	7,08	93,95	12-03-97
En el sistema de contratación con mediadores brokers especializados:										
Iberdrola	15-07-03	10,50	1	100,00	118,97	118,97	118,97↓	6,70	119,26	13-03-97
De terceros:										
Telefónica	18-09-98	Cero	1	4,00	170,70	178,87	178,87↓	6,40	179,79	11-03-97
B. Santander	26-10-99	7,00	2	400,00	100,65	100,65	100,65↑	5,91	100,42	07-03-97
Vallehermoso	25-06-01	8,90	1	50,80	108,84	108,84	108,84↑	6,45	108,19	12-03-97
Telefónica	18-09-01	Cero	1	0,10	205,13	205,13	205,13*	5,89	201,38	05-03-97
Fecsa	24-07-02	Vble.	6	1.450,00	99,36	99,30	99,35↓	–	99,49	13-03-97
Iberdrola	19-02-03	5,68	2	400,00	99,32	99,00	99,16↓	–	100,60	26-12-95
B. Gallego	28-10-03	Vble.	1	0,77	100,00	100,00	100,00	–	100,00	13-03-97
Renfe	08-04-06	9,70	4	2.105,00	117,60	117,60	117,60↓	7,00	118,11	17-01-97
Gen. Valencia	15-12-07	6,25	2	300,00	94,11	93,76	93,93↓	7,06	93,95	12-03-97
TOTALES			23	5.260,67						

(↑=sube. ↓ =baja. Igual que el anterior. * Sin calificar.).

Fuente: Expansión.

Los bonos matador

Los bonos *matador* son aquellas emisiones denominadas en pesetas y realizadas por una institución extranjera dentro del territorio español. Los emisores son organismos e instituciones internacionales de reconocida solvencia.

En la tabla 21 se muestra la cotización de diversas emisiones de bonos *matador* en el mercado de la Asociación de Intermediarios de Activos Financieros (AIAF).

El riesgo de interés en los activos de renta fija: la *duración* y la *convexidad*

Los tipos de interés del mercado varían constantemente, lo que afecta directamente al precio intrínseco de las obligaciones,

Tabla 21

Cotización de los bonos matador en el mercado AIAF el día 14 de marzo de 1997

BONOS MATADOR										**14-III-97**
EMISOR	Fecha de vencim.	Cupón	Núm. de operac.	Importe contrat.	Precio (ex cupón) Máximo	Mínimo	Medio	Rend. int. medio	Ante. precio med. (fecha)	
Entre miembros:										
Sin operaciones	–	–	–	–	–	–	–	–	–	–
De terceros:										
W.B.	25-06-98	10,35	1	275,00	105,15	105,15	105,15↓	5,96	105,90	14-02-97
W.B.	28-05-99	7,75	1	102,20	104,00	104,00	104,00↑	5,74	103,40	04-03-97
D.N.I.B.	24-02-00	5,10	4	246,00	98,26	98,05	98,09↓	5,82	98,23	13-03-97
B.E.I.	01-02-01	8,90	1	100,00	109,30	109,30	109,30↓	6,11	109,80	13-03-97
B.E.I.	09-03-01	7,50	2	8,00	105,15	105,10	105,12↓	6,01	105,20	10-03-97
B.N.C.	18-06-01	8,12	1	108,00	107,34	107,34	107,34↓	6,10	107,35	21-02-97
L-Rentenbank	13-02-02	5,62	2	420,00	98,00	97,98	97,99↓	6,10	98,04	13-03-97
S.N.C.F.	21-02-02	5,50	1	100,00	97,35	97,35	97,35↓	6,13	97,83	12-03-97
B.E.I.	20-12-05	10,35	2	350,00	121,62	121,55	121,58↓	6,96	124,45	18-02-97
F.E.C.	22-01-07	6,85	3	200,00	100,30	100,10	100,18↓	6,81	100,70	12-03-97
D.S.L. Bank	30-01-08	9,92	2	10,00	109,50	108,65	109,07↓	6,34	110,65	28-01-97
Mercado Gris:										
Nord-LB	09-04-02	6,00	1	150,00	99,35	99,35	99,35↓	6,15	99,50	13-03-97
B.E.I.	20-03-07	6,50	1	31,50	97,67	97,67	97,67↓	6,82	97,79	13-03-97
TOTALES			20	1.919,20						
(↑ = sube. ↓ = baja. Igual que el anterior. * Sin calificar.)										

Fuente: AIAF.

que también sufre alzas y bajas por dicho motivo. Cuando los tipos de interés suben, el precio teórico de una obligación ya emitida desciende, lo que produce una pérdida a su propietario. Por el contrario, un descenso de los tipos de interés provocará un alza en los precios de las obligaciones, es decir, una ganancia para su dueño. Esta variación del precio se denomina *riesgo de interés,* que será tanto mayor cuanto más grande sea la vida del bono.

Veamos un ejemplo. Supongamos que tenemos dos obligaciones de las siguientes características:

a) Vencimiento dentro de dos años, cupón de 1.300 pesetas pagadero por anualidades vencidas y precio de reembolso de 10.000 pesetas.
b) Vencimiento dentro de diez años, cupón de 1.400 pesetas pagadero por anualidades vencidas y precio de reembolso de 10.000 pesetas.

En la figura 8 se muestra el gráfico representativo de los precios de ambos activos financieros para cada tipo de interés,

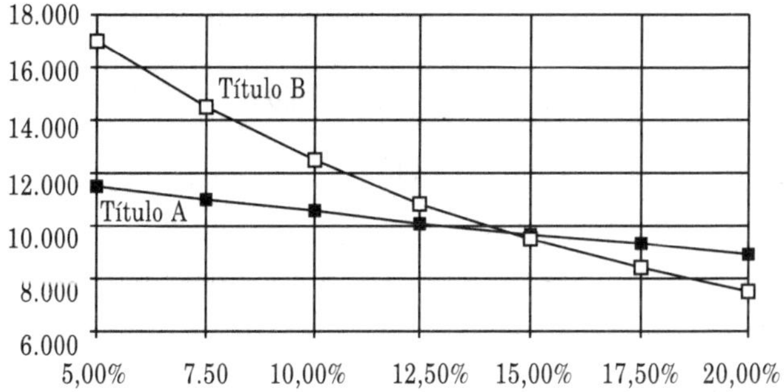

Figura 8.—El riesgo del tipo de interés. El título B, que tiene un plazo mayor, también posee un mayor riesgo de interés que el A, que posee un plazo menor.

donde podemos observar cómo la variación de la obligación cuyo vencimiento es dentro de cinco años es mucho mayor que la del vencimiento a más corto plazo.

El riesgo del tipo de interés sólo perjudica o beneficia cuando el propietario de la obligación tiene que deshacerse de ella antes de su vencimiento, caso en el cual puede encontrarse con una ganancia de capital (precio de venta > precio de compra) o con una pérdida de capital (precio de venta < precio de compra). En todo caso, conforme se aproxime la fecha de amortización del título su precio de mercado se irá acercando al valor de reembolso del mismo haciendo que el riesgo del tipo de interés sea cada vez más pequeño.

Así, el *riesgo de tipo de interés* puede definirse como la variación del precio teórico del bono u obligación cuando el tipo de interés del mercado varía un 1% hacia arriba o hacia abajo. Veámoslo con un ejemplo:

Supongamos que tenemos un bono de nominal 10.000 pesetas, con un plazo de vencimiento situado dentro de cinco años, que paga un 12% de interés anual al final de cada año (1.200 pesetas por cupón) y se le estima un rendimiento anual del 14,5% hasta su vencimiento. ¿Cuál sería su precio teórico con arreglo a estos datos? ¿Cuál sería su precio teórico si el tipo de rendimiento desciende un 1%?

El precio teórico, si el rendimiento es del 14,5%, será:

$$P_0 = \frac{1.200}{1,145} + \frac{1.200}{1,145^2} + \frac{1.200}{1,145^3} + \frac{1.200}{1,145^4} +$$

$$+ \frac{1.200 + 10.000}{1,145^5} = 9.152 \text{ pesetas}$$

Por otra parte, si el tipo de interés del mercado desciende un 1% y se sitúa en el 13,5%, el precio teórico tomará un valor de:

$$P_0 = \frac{1.200}{1,135} + \frac{1.200}{1,135^2} + \frac{1.200}{1,135^3} + \frac{1.200}{1,135^4} +$$

$$+ \frac{1.200 + 10.000}{1,135^5} = 9.479 \text{ pesetas}$$

Si ahora calculamos cuánto varía porcentualmente el precio ante la anterior variación del 1% en el tipo de interés, obtendremos un valor de:

$$\frac{9.152 - 9.479}{9.152} = -0,0357 = -3,57\%$$

Dicha cifra indica el riesgo de interés del bono. Ahora bien, los analistas prefieren obtener el valor del riesgo de un título de renta fija a través del cálculo de la *duración* del mismo o, más concretamente, hablan de *duración modificada,* pero antes de ver ésta deberemos saber qué se entiende por *duración* de un bono. Ésta es la media de los períodos a lo largo de los que se extiende la vida de dicho título, ponderados por el valor actual de los flujos de caja que vencen en dichos períodos. La expresión matemática de la *duración*, en forma discreta, es:

$$D=\frac{\sum_{t=1}^{n}\frac{t\times Q_t}{(1+r)^t}}{\sum_{t=1}^{n}\frac{Q_t}{(1+r)^t}}=\frac{1}{P_0}\times\sum_{t=1}^{n}\frac{t\times Q_t}{(1+r)^t}$$

donde P_0 representa el precio de mercado del bono en la actualidad, Q_t es el flujo de caja del período (cupón más principal), r es la tasa de rendimiento hasta el vencimiento, n el número de años hasta el vencimiento y P el valor de reembolso del bono (generalmente su valor nominal).

Para un bono del tipo cupón cero, la *duración* coincide con el plazo hasta su vencimiento (n años). Sin embargo, para un bono clásico parte de su valor actual se deriva de la corriente de los flujos de caja habidos antes de su vencimiento, lo que hace que su *duración* sea menor que el plazo hasta su vencimiento.

Supongamos un bono de nominal 10.000 pesetas, con un plazo de vencimiento situado en cinco años, que paga un 12% de interés anual al final de cada año y se le estima un rendimiento anual del 11,5% hasta su vencimiento. En la tabla 22 se muestra el cálculo de la *duración* del bono; en ella aparecen los flujos de caja, el factor de descuento (que nos permite calcular el

Tabla 22

Períodos (t)	Flujos de caja	Factor de descuento	Valor actual	$VA \times t$
1	1.200	0,8734	1.048,08	1.048,08
2	1.200	0,7628	915,36	1.830,72
3	1.200	0,6662	799,44	2.398,32
4	1.200	0,5818	698,16	2.792,64
5	11.200	0,5081	5.690,72	28.453,60
		P_0 =	**9.151,76**	36.523,36

valor actualizado de los flujos de caja), el valor actual de cada flujo, el resultado de multiplicar este último por el período en el que se encuentra y la proporción del valor actual de cada flujo con relación al precio intrínseco del bono.

Si ahora dividimos la suma de la columna representativa del valor actual ponderado (36.523,36) entre el precio teórico del bono (9.151,76), obtendremos el valor de la *duración*: 3,99 años. Como se aprecia, hay una diferencia de 1,01 años con relación a la vida de la emisión, que es debida a que parte de los flujos de tesorería se reciben antes del vencimiento de la misma.

La *duración modificada*

Como ya comentamos anteriormente, cuando hablamos de *volatilidad* de los bonos u obligaciones nos estamos refiriendo a la sensibilidad de su precio de mercado con relación a los cambios que se produzcan en el tipo de interés. Así que la podemos definir como la variación que se produce en el precio del bono con respecto a un incremento de cien puntos básicos (1%) sobre el rendimiento hasta el vencimiento del mismo.

Para conectar los conceptos de *volatilidad* y *duración* deberemos echar mano de la denominada *duración modificada* (D^*), que se obtendrá de la siguiente manera:

$$D^* = \frac{D}{1+r}$$

donde D representa la *duración* y r el tipo de rendimiento anual hasta el vencimiento. Así, por ejemplo, la *duración modificada* del ejemplo anterior será igual a 3,99 ÷ 1,145 = 3,48% (observe que la *duración* se mide en unidades de tiempo, por lo general en años, mientras que la *duración modificada* se mide en porcentaje sobre el valor actual del bono). Éste es el valor que se toma como medida del riesgo (obsérvese su aproximación al verdadero valor obtenido anteriormente al comienzo del epígrafe: 3,57%). Así que una variación del 1% en el tipo de interés de descuento hará variar en dirección contraria[7] al precio intrínseco en un 3,48% aproximadamente. Lógicamente, si los tipos de interés descendiesen sólo un 0,25% (o 25 puntos básicos), el precio del bono ascendería un 0,87% (es el resultado de multiplicar 0,25 por 3,48%).

Véase la gran proximidad existente entre el valor de la *duración modificada* (3,48%) y el valor de la volatilidad (3,57%). Para variaciones muy pequeñas del rendimiento se puede mostrar cómo la *duración* coincide con nuestra definición de volatilidad del bono. Para cambios mayores de 50 puntos básicos, lo anterior sólo es aproximadamente cierto. La razón de que no coincidan exactamente los valores de la volatilidad y de la *duración* estriba en que esta última está basada en la derivada de P_0 con respecto al rendimiento, y las derivadas se refieren a cambios infinitesimales de las variables. De esta manera podemos ver cómo la *duración* es, además de una medida del «plazo» del bono, una medida de la volatilidad del mismo. De hecho, cuanto mayor sea la *duración*, mayor será la volatilidad del bono y, por tanto, su riesgo de interés.

Concretando, el precio de los bonos está inversamente relacionado a su rendimiento; la *duración* actúa como un multiplicador, dado que cuanto más grande sea, mayor será el impacto en el precio de los bonos ante un cambio de los tipos de interés; y, por último, para una *duración* determinada, cuanto mayores sean las variaciones en el tipo de interés, mayor será el porcentaje de cambio en el precio.

La *convexidad*

Como ya se ha visto anteriormente, el precio de los bonos está inversamente relacionado con el valor de los tipos de interés. Cuando éstos ascienden, aquél cae, y lo contrario. En la figura 9 se muestra en el gráfico de la izquierda dicha relación

---

[7] Recuerde la relación inversa existente entre los tipos de interés y el precio de los bonos. Cuando aquéllos ascienden, éstos caen, y viceversa.

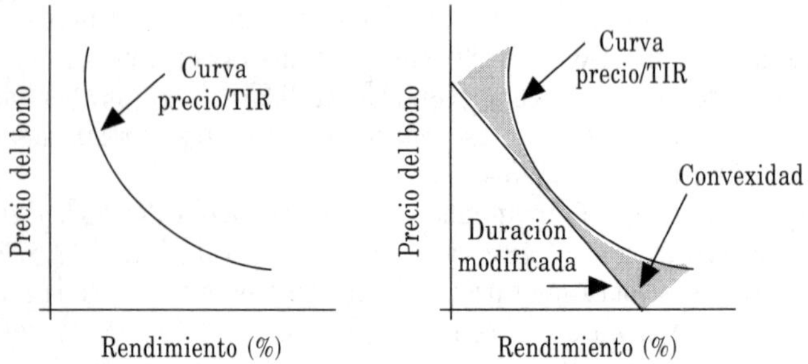

Figura 9.—Curva precio/TIR, *duración modificada* y *convexidad.*

a través de la denominada *curva precio/rendimiento*. La primera derivada de la función que dibuja dicha curva es lo que en el apartado anterior denominamos *duración modificada,* que, dicho de otra forma, es la pendiente de la curva precio/rendimiento en un punto determinado que coincide con el rendimiento actual y que actúa de punto de tangencia entre ella y la recta representativa de la *duración modificada*, tal y como aparece en el gráfico de la derecha.

Como se puede apreciar en la figura 9, el uso de la *duración modificada* produce un error (la zona rayada) en la estimación de la curva precio/rendimiento. Esto es, la *duración modificada* explica bastante bien las variaciones en el precio debidas a pequeños cambios en el rendimiento, pero no funciona tan bien cuando estas alteraciones son grandes (más allá de 50 puntos básicos de variación en los tipos de interés). Esto es debido a que la *duración modificada* asume que existe una relación lineal entre las variaciones del rendimiento y las del precio, lo que implica cometer errores cuando las variaciones son de una magnitud importante.

Con objeto de predecir dicho error o disparidad, surge la *convexidad* (llamada así debido a la forma de dicha función con respecto al origen de coordenadas), que es, en realidad, la segunda derivada de dicha curva y muestra cómo varía la *duración modificada* cuando se alteran los tipos de interés. Dicha segunda derivada es igual a:

$$\frac{\partial^2 P}{\partial r^2} = \frac{1}{(1+r)^2} \sum_{1}^{n} \frac{j(j+1)Q_j}{(1+r)^j}$$

donde Q_j es el cupón que el bono proporcionará en el período j, el máximo número de períodos será n y r es la tasa de rendimiento interna de ese bono en el momento del análisis.

Así, si quisiéramos averiguar la variación en el precio de un bono debida a una ascenso de un 1% en el tipo de interés, sumaríamos la variación producida por la *duración modificada* (que aparecerá con signo negativo) y la producida por la *convexidad* para la misma variación en el rendimiento (100 puntos básicos en ambos casos):

$$\begin{aligned} dP/P &= -D^* \times (\partial r) + (1/2) \times \text{Convexidad} \times (\partial r)^2 = \\ &= -D^* \times (0{,}01) + (1/2) \times \text{Convexidad} \times (0{,}01)^2 \end{aligned}$$

En la figura 10 aparece, a la izquierda, una tabla con las emisiones de la deuda pública, el valor de su tasa interna de rendimiento (TIR), su *duración modificada* y su *convexidad*. En las tres figuras de la derecha se muestran diversas relaciones entre las que destacaremos la que representa la TIR de la deuda anotada con relación a la *duración*, y la que representa la TIR de las emisiones de la deuda anotada con relación a su *duración*.

TIPOS DE INTERES

DEUDA ANOTADA 14-03-1997

VALOR	T.I.R.	Dur.(**)	Conv(***)
11.00 06/97	5.60	0.25	0.00032
11.45 08/98	5.67	1.37	0.00742
9.90 10/98	5.68	1.55	0.00895
10.25 11/98	5.71	1.63	0.00966
8.30 12/98	5.81	1.68	0.01011
9,40 04.99	6,82	1,89	0,01294
7,40 07/99	5.74	2.18	0,01612
7.80 10/99	5,73	2,43	0,01914
12.25 03/00	5.92	2.48	0.02150
6.75 04/00	5.82	2.91	0.02593
8.40 04/01	6.11	3.45	0.03764
10.10 02/01	6.10	3.48	0.03664
11.30 01/02	6.27	4.01	0.04866
10.30 06/02	6.34	4.13	0.05339
7.90 02/02	6,28	4,31	0,05406
10.90 08/03	6.59	4.90	0.07351
10.50 10/03	6.63	5.09	0.07803
8.00 05/04	6.69	5.49	0.09144
10.00 02/05	6.86	6.02	0.10627
8.80 04/06	6.96	6.36	0.12575
10.15 01/06	6.94	6.45	0.12355
7.35 03/07	7.01	7.50	0.16201
6.20 02/09	7.15	8.20	0.20008
8.70 02/12	7.24	9.25	0.26463

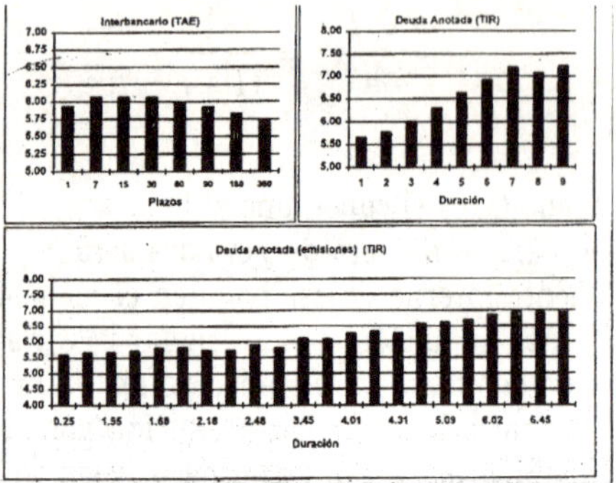

FUENTE : BANCO BANIF - BANQUEROS PERSONALES /SOFTWARE FINANCIERO S.A.

Figura 10.

Resumen

1. El *Mibor*, es decir, la tasa de interés ofertada en el mercado interbancario de Madrid, es una referencia fundamental para el cálculo de los intereses de préstamos, permutas financieras, etc., y que se extiende a lo largo de varios plazos, siendo el Libor el equivalente internacional del anterior.
2. Las letras del Tesoro representan la forma más simple de endeudamiento del Estado. Los inversores los adquieren *al descuento* sobre su valor nominal que recibirán a su vencimiento. La ganancia será la diferencia entre el valor nominal y el precio pagado inicialmente por ellos.
3. El *pagaré de empresa* es un título emitido al descuento que incorpora una obligación de pago al vencimiento por parte del emisor, el cual habitualmente es una gran empresa industrial, comercial o financiera.
4. Los títulos hipotecarios: cédulas, bonos, participaciones y bonos de titulización, aunque tienen unos pla-

zos superiores al año, figuran dentro del mercado monetario debido a su gran liquidez.

5. Los bonos (cuyo plazo es a tres o a cinco años) y las obligaciones (cuyo plazo es a diez o a quince años) del Estado son la forma principal de endeudamiento del Estado a medio y largo plazo.
6. Las obligaciones emitidas por las empresas son utilizadas como medio de captar grandes cantidades de fondos a un coste bastante inferior al de otras fuentes financieras como, por ejemplo, las acciones.
7. Los bonos matador son los emitidos en pesetas por prestatarios extranjeros.
8. La *duración* y la *convexidad* muestran la variación del precio de los bonos con respecto a las alteraciones del tipo de interés.

Fondos de inversión

Después de leer usted este capítulo deberá comprender:

- Qué es un fondo de inversión.
- Cómo funciona un fondo de inversión.
- Qué comisiones tienen.
- Qué es la Sociedad Gestora y la Entidad Depositaria.
- Qué son los FIM y los FIAMM.
- Qué son los fondos titulizados y los Fondtesoros.
- Qué son los fondos garantizados.
- Qué tratamiento fiscal tienen.
- Cómo se calcula la variación de valor liquidativo de la participación.
- Cómo sabe el inversor que ha obtenido beneficio y cómo puede calcularlo.
- Qué es el incremento patrimonial y cómo se calcula.
- Cómo se sabe la rentabilidad de un fondo de inversión y cómo se calcula.

Introducción

Nuestro propósito va a ser presentar los datos básicos que todo inversor y lector debe saber sobre fondos de inversión, facilitando la lectura y comprensión de los cuadros y gráficos que aparecen en las páginas económicas de los periódicos.

Para ello dividiremos este capítulo en dos grandes apartados; el primero recogerá los elementos fundamentales que el inversor debe conocer, y en el segundo analizaremos, desde el punto de vista del lector, el tratamiento de la información sobre fondos de inversión que se hace en la prensa.

Como todos sabemos, los fondos de inversión han conseguido en los últimos años captar buena parte del ahorro del inversor particular, por diversos factores, alcanzándose la cifra de más de 21 billones de pesetas de volumen patrimonial invertido en ellos. Así, los fondos de inversión se han situado como uno de los productos financieros más «populares» dentro del sistema financiero español, provocando la proliferación de distintas modalidades.

En líneas generales, se puede aceptar como concepto general de fondo de inversión «el patrimonio común, o cartera de valores, perteneciente a una pluralidad de inversores finales denominados partícipes». Este patrimonio va a ser gestionado por un operador profesional conocido como «Sociedad Gestora», de acuerdo con unos principios generales y políticas de inversión establecidos en el Reglamento de Gestión del Fondo y que se va a materializar, mayoritariamente, en activos financieros que se encuentran custodiados en las llamadas «Entidades Depositarias».

En el esquema que presentamos a continuación se recoge, sintéticamente, la operativa de un fondo de inversión donde, como apreciamos, la Sociedad Gestora y la Entidad Depositaria constituyen, junto al partícipe, el eje central del diseño.

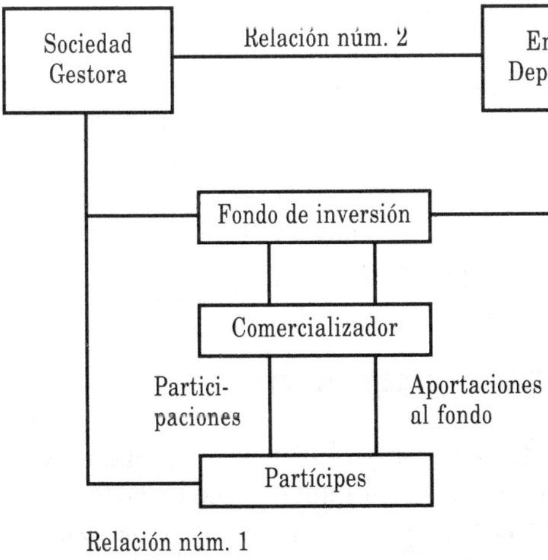

Sin embargo, estas dos entidades no están en una situación de dicotomía ni entre ellas, ni con respecto a los partícipes (denominación que recibe el titular de un fondo de inversión). Podemos hablar de la existencia de una serie de relaciones: entre los partícipes (auténticos propietarios del fondo) y la Sociedad Gestora, responsable en última instancia de la evolución de sus inversiones (relación 1), y entre la Sociedad Gestora y la Entidad Depositaria (relación 2), que sería una vinculación de carácter institucional, es decir, entre entidades que tienen como misión primordial el control y vigilancia de la una con respecto a la otra para garantizar la transparencia y seguridad de los partícipes.

También hay que destacar la presencia de una tercera entidad, el Comercializador, que va a tener como objetivo fundamental la promoción y venta de fondos de inversión a través de su red de sucursales o agencias.

Dentro de la relación 1, que hemos comentado previamente, la participación en el fondo supone el elemento por el que el cliente se incorpora como propietario de facto (partícipe) de ese patrimonio común que es el fondo.

La aportación, según su cuantía, hará que esa participación sea mayor o menor en el fondo. El cálculo del valor en liquidación de estas participaciones (VLP) será diario y se obtendrá, en líneas generales, dividiendo el patrimonio del fondo por el número total de participaciones en circulación.

Este VLP se puede consultar, siguiendo su evolución, en la prensa tanto de información general como económica, como veremos más adelante, donde diariamente aparece una lista que recoge la totalidad de los fondos de inversión con sus correspondientes valores liquidativos.

Patrimonios y régimen general de inversiones del fondo

Los fondos de inversión pueden invertir en distintos valores dependiendo de su perfil: si es un fondo de inversión mobiliaria de renta fija exclusivamente, o si es mixto, es decir, que invierte tanto en renta fija como renta variable, o si es un fondo de inversión en activos del mercado monetario, que invertirá en activos con vencimiento a corto plazo.

Ahora bien, independientemente de la clase de fondo de que se trate, los fondos de inversión deben cumplir una serie de requisitos o limitaciones generales de inversión que se recogen en el Reglamento de Instituciones de Inversión Colectiva. Estas limitaciones son las siguientes:

En primer lugar, ningún fondo puede tener invertido más de un 5% de su activo en acciones, participaciones, obligaciones o valores, en general, emitidos por otras instituciones de inversión colectiva. No obstante, queda prohibida la inversión en dichos valores cuando su emisor sea una sociedad de inversión mobiliaria perteneciente al mismo grupo que el fondo de inversión gestionado por una sociedad gestora en la que concurre tal circunstancia.

En segundo lugar, ningún fondo puede tener invertido en valores emitidos o avalados por una misma entidad más del 5% del activo de la institución. Este límite queda ampliado al 10% siempre que el total de las inversiones de la institución en valores en los que se supere el 5% no exceda del 40% del activo de la misma.

En tercer lugar, ningún fondo puede tener invertido en valores emitidos o avalados por entidades pertenecientes a un mismo grupo más del 15% del activo de la institución.

Estos porcentajes se medirán tomando como referencia la valoración efectiva del total de activos financieros y de los valores en cuestión.

En cuarto lugar, una misma institución de inversión colectiva, y, por tanto, un fondo de inversión, no podrá invertir en valores emitidos o avalados por una misma entidad por encima del 5% de los valores en circulación de esta última.

En quinto lugar, la suma de las inversiones de las sociedades de inversión mobiliaria pertenecientes a un mismo grupo y de los fondos de inversión gestionados por sociedades en las que se dé la misma circunstancia no podrá rebasar el 15% de los valores en circulación de una determinada entidad. Los porcentajes anteriores se medirán tomando como referencia los valores nominales.

En sexto lugar, el fondo de inversión podrá invertir hasta un 35% de su activo en valores emitidos o avalados por el Estado, comunidades autónomas y organismos internacionales de los que España sea miembro. En este caso la sociedad gestora deberá hacer constar en el folleto explicativo, de forma bien visible, esta circunstancia, especificando los emisores en cuyos valores tiene intención de invertir o tener invertido más del 35% del activo de la institución.

En séptimo lugar, los porcentajes mencionados en el párrafo anterior se pueden superar de un 35 a un 100% siempre que la inversión se diversifique en, al menos, seis emisiones diferentes, sin que los valores de una misma emisión puedan exceder del 30% del activo de la institución.

Los fondos de inversión necesitan un patrimonio mínimo inicial para su puesta en marcha, para constituirse, que va a depender de la clase que se trate.

Los fondos de inversión mobiliaria tendrán un patrimonio mínimo de 500 millones de pesetas, y de 1.500 millones de pesetas si son fondos de inversión en activos del mercado monetario (FIAMM).

Comisiones aplicables

Las comisiones son, probablemente, el elemento que más rechazo provoca en los inversores en general. Es, indudablemente, un aspecto que hay que tener en cuenta a la hora de seleccionar un fondo de inversión, y que puede afectar a la rentabilidad final del partícipe.

A continuación recogemos las comisiones existentes y aplicables según los fondos de inversión de que se trate.

Comisión de suscripción

FIM	NO SUPERIOR AL 5%
FONDTESORO FIM	NO EXISTE
FIAMM	NO SUPERIOR AL 1%
FONDTESORO FIAMM	NO EXISTE

Comisión de reembolso

FIM	NO SUPERIOR AL 5%
FONDTESORO FIM	NO SUPERIOR AL 2% EN LOS DOS PRIMEROS AÑOS
FIAMM	NO SUPERIOR AL 1%
FONDTESOROS FIAMM	NO EXISTE

Comisión de gestión

FIM	NO SUPERIOR AL 2,5%
FONDTESORO FIM	NO SUPERIOR AL 1,75%
FIAMM	NO SUPERIOR AL 1,5%
FONDTESOROS FIAMM	NO SUPERIOR AL 1,5%

Comisión de depositaria

FIM	NO SUPERIOR AL 0,4%
FONDTESORO FIM	NO SUPERIOR AL 0,4%
FIAMM	NO SUPERIOR AL 0,4%
FONDTESOROS FIAMM	NO SUPERIOR AL 0,4%

La sociedad gestora y la entidad depositaria

En la existencia y funcionamiento de los fondos de inversión dos entidades van a desempeñar un papel fundamental: la sociedad gestora, encargada de la administración y gestión de la cartera del fondo, y la entidad depositaria, que va a asumir el depósito y custodia de los valores que constituyan la cartera del Fondo.

El patrimonio del fondo de inversión va a ser gestionado por un operador profesional conocido como «sociedad gestora», de acuerdo con unos principios generales y políticas de inversión establecidos en el Reglamento del Fondo y que se va a materializar, mayoritariamente, en activos financieros que se encuentran custodiados en las llamadas «entidades depositarias».

La sociedad gestora es una sociedad anónima que tiene como objeto social exclusivo la administración y representación de las instituciones de inversión colectiva y, por tanto, los fondos de inversión, pudiendo gestionar varios fondos de inversión, lo cual suele ser, en la práctica, lo más frecuente, pero sin que pueda invertir en valores de otro fondo de inversión por ella gestionado.

Las funciones de la sociedad gestora de instituciones de inversión colectiva son las siguientes:

- Redactar el Reglamento de Gestión del Fondo y otorgar, con el depositario, tanto la correspondiente escritura pública de constitución del fondo como, en su día, las de modificación o liquidación del mismo.
- Ejercer todos los derechos inherentes a los valores integrados en el fondo, en exclusivo beneficio de los partícipes.
- Llevar la contabilidad del fondo, con la debida separación de la sociedad gestora, y efectuar la rendición de cuentas en la forma prevista en el Reglamento.
- Seleccionar los valores que deban integrar el fondo, de acuerdo con lo previsto en su Reglamento, y ordenar al depositario la pertinente compra y venta de valores.

La entidad depositaria: características y funciones

La entidad depositaria junto con la sociedad gestora van a ser las dos entidades necesarias para el funcionamiento de los fondos de inversión.

La entidad depositaria es la responsable de la custodia de los valores del fondo, así como del seguimiento de las operaciones llevadas a cabo por la sociedad gestora.

La legislación permite que sean entidades depositarias de fondos de inversión una serie de entidades financieras, concretamente, los bancos y las cajas de ahorros (incluida la Confederación Española de Cajas de Ahorros), la Caja Postal, las sociedades y agencias de valores y las cooperativas de crédito. En todo caso, la tesorería deberá estar depositada en una entidad de depósito.

La entidad depositaria va a tener como funciones principales las siguientes:

- Una función de depósito y custodia de los valores que constituyan la cartera y de liquidez del fondo.
- Una función de realización de los cobros y pagos que origine el funcionamiento del fondo.
- Una función que podríamos llamar de «Caja» (cobros y pagos).
- Una función de supervisión y vigilancia de la sociedad gestora.

La Comisión Nacional del Mercado de Valores

La Comisión Nacional del Mercado de Valores (CNMV) es un organismo creado por la Ley del Mercado de Valores, y que va a desempeñar un papel fundamental en materia de instituciones de inversión colectiva, al convertirse en el principal órgano de control y supervisión de estas instituciones.

Así, se imponen a las instituciones de inversión colectiva deberes de comunicación a la Comisión Nacional e inscripción en sus Registros administrativos oficiales.

Tipos de fondo de inversión

El rápido desarrollo y expansión de las instituciones de inversión colectiva, y en particular de los fondos de inversión, que se ha situado como uno de los productos financieros más «populares» dentro del sistema financiero español, ha provocado la proliferación de este tipo de instrumentos con muy diferentes adjetivos. Así, se habla de «fondos de inversión mobiliaria», «fondos en divisas», «fondos inmobiliarios», «fondos paraguas», «fondos garantizados», etc.

Todo ello parece aconsejar, aunque sea sucintamente, una pequeña clasificación de los distintos tipos de fondos.

En primer lugar, nos encontraríamos con una tipología básica de fondos de inversión, que distinguiría los fondos, según «la forma en que el inversor recibe las rentas», encontrándonos con «fondos de renta o reparto» y «fondos de capitalización o crecimiento». En España la inmensa mayoría de los fondos existentes son de capitalización.

La segunda gran categoría distinguiría los fondos de inversión según el tipo de inversiones que realiza el fondo, o si preferimos, los instrumentos en los que se materializa el activo.

Con arreglo a este criterio se puede distinguir dos grandes grupos; en el primero situaríamos a los fondos de inversión mobiliaria (FIM) y el segundo incluiría los fondos de dinero o fondos de inversión en activos del mercado monetario (FIAMM).

Los fondos de inversión mobiliaria (FIM)

Un fondo de inversión mobiliaria (FIM) tiene un patrimonio mínimo de 500 millones de pesetas que debe invertir de conformidad con unos requisitos o coeficientes que establece la normativa legal. Estos coeficientes son los siguientes:

Liquidez:

— 3% mínimo en cuentas corrientes o cesiones temporales en depositario.

Obligatorio:

— 80% en valores contemplados en el artículo 17 del Reglamento de Instituciones de Inversión Colectiva, es decir, valores admitidos a negociación en:

  — Bolsas de valores.
  — Mercados de deuda pública en anotaciones en cuenta.
  — Mercados de opciones y futuros.
  — Mercado hipotecario y pagarés de empresa negociados en mercados organizados (Orden de 1 de agosto de 1991, sobre mercado AIAF de renta fija).

Libre disposición:

— El resto del patrimonio (17%) puede invertirse igualmente en tales valores, ya comentados, o en «otros valores que gocen de especial liquidez».

Además, los fondos de inversión mobiliaria pueden materializar sus inversiones en los mercados nacionales y también pueden hacerlo en mercados extranjeros. La inversión en los mercados extranjeros deberá realizarse de acuerdo con las siguientes reglas, definidas en el artículo 17 del Reglamento de Instituciones de Inversión Colectiva:

— Los valores negociados en bolsas de valores o en mercados oficiales de deuda pública de estados miembros de la OCDE quedan asimilados a los admitidos en los mercados nacionales.
— Los valores negociados en mercados organizados de funcionamiento regular, organizados y abiertos al público de estados miembros de la OCDE requieren para su admisión la previa verificación por la Comisión Nacional del Mercado de Valores de que concurren en los mismos las características reglamentarias establecidas para tales mercados.

— En cuanto a valores negociados en bolsas de valores u otros mercados radicados en estados no miembros de la OCDE, se requiere autorización previa de la Comisión Nacional del Mercado de Valores.

Dentro de estos criterios de inversión, cada fondo de inversión mobiliaria podrá estructurar su cartera de valores según su política de inversiones, dando lugar a distintas clases de fondos de inversión mobiliaria.

Los fondos de inversión mobiliaria pueden adoptar, a su vez, diferentes modalidades. A continuación recogemos, esquemáticamente, las principales:

Fondos de renta fija

Estaríamos ante fondos cuya cartera se compondría en su totalidad de valores de renta fija, con una vida media aproximada de tres a cinco años. Su característica más relevante sería, teóricamente, la rentabilidad a cambio de una mayor seguridad.

Fondos de renta variable

Serían aquellos fondos en cuya cartera de valores el «peso» de la renta fija fuera inferior a un 30%, es decir, son fondos que tienen más del 70% de su cartera en títulos de renta variable (acciones), siendo los que más fluctúan, por lo que su nivel de riesgo es el más elevado. Una modalidad de estos fondos son los llamados «fondos índice», que presentan una sectorización y ponderación semejante a la de un índice bursátil.

Estos fondos de renta variable son considerados como «agresivos» ya que limitan sus inversiones a valores de renta variable. Se caracterizan por tener una presumible elevada rentabilidad a largo plazo, aunque está sometida a las fluctuaciones de la Bolsa asumiendo un importante componente de riesgo.

Fondos mixtos

Por tales fondos podemos entender tanto los mixtos de renta fija como los mixtos de renta variable.

Los fondos mixtos de renta fija son aquellos que tienen más del 75% y menos del 100% de su cartera invertida en títulos de renta fija.

Por su parte, los fondos mixtos de renta variable son los que tienen entre el 25 y el 70% de su cartera invertido en títulos de renta variable.

Fondos en divisas

En estos fondos la inversión se materializa en valores de renta fija o variable y sus activos están denominados en divisas. Estas divisas suelen ser lo que se conoce como «cesta de monedas», que aglutina a las denominadas «monedas fuertes» y a aquellas con perspectivas al alza. Esto permite invertir en mercados internacionales dotando de una mayor diversificación internacional al fondo. Están especialmente indicados para momentos en los que la peseta está en una fase descendente con respecto a otras monedas más fuertes. Al pequeño y mediano inversor le permite aprovechar el conocimiento que la sociedad gestora posea de estos mercados financieros, dotados de una gran sofisticación y de difícil acceso a un particular.

Los fondos de inversión en activos del mercado monetario (FIAMM)

Estos fondos, conocidos también como «fondos de dinero», se caracterizan por dos rasgos: el primero, la necesidad de que el patrimonio de estos fondos esté invertido en valores de renta fija admitidos a negociación de una bolsa de valores o en los términos que autorice la Comisión Nacional del Mercado de Valores, en valores de renta fija admitidos a negociación en otros mercados organizados y de funcionamiento regular, y en instrumentos financieros que, por su vencimiento a corto plazo y por las garantías de su realización, gocen de elevada liquidez.

El segundo, la prohibición legal de que formen parte del patrimonio del fondo determinados activos. En efecto, en el patrimonio de un FIAMM no pueden figurar acciones, obligaciones convertibles o que otorguen derecho a participar en ampliaciones de capital, ni activos con plazos pendientes de amortización o reembolso superior al fijado legalmente. Además, los FIAMM se van a ver sujetos a otra limitación: el cumplimiento de un coeficiente de inversión obligatorio, de tal modo que un FIAMM no tiene que invertir de conformidad a los criterios que referimos a continuación.

Un porcentaje del activo no inferior al 90%, medido en términos de promedio mensual de saldos diarios, ha de estar invertido en:

- Valores de renta fija admitidos a negociación en un mercado secundario oficial (es decir, tanto en bolsa de valores como, por ejemplo, en el mercado de deuda pública anotada).
- Además, no más del 40% del activo puede materializarse en valores de renta fija que no gocen de elevada liquidez.
- Otros valores a corto plazo y de elevada liquidez que autorice la Comisión Nacional del Mercado de Valores y que sean negociados en mercado español organizado de funcionamiento regular, reconocido y abierto al público.

Finalmente, y al igual que ocurre con los FIM, los FIAMM deben cumplir un coeficiente de liquidez del 3%. Este coeficiente se entenderá referido al promedio mensual de saldos diarios del activo del fondo, y deberá materializarse en efectivo o en depósitos o en cuentas a la vista en el depositario.

Este coeficiente obligatorio tiene una limitación:

— 36% máximo del coeficiente obligatorio en valores de renta fija que no gocen de elevada liquidez.
— Los activos que componen las carteras de los FIAMM no pueden tener un plazo de vencimiento superior a los 18 meses, han de provenir de mercados organizados y ser prontamente realizables.

El perfil del partícipe de un FIAMM, también llamado fondo de dinero, parece estar relacionado con el objetivo del propio fondo: la inversión a corto plazo. En efecto, un partícipe que desee invertir en un FIAMM debe tener claro que este producto está indicado para aquellos inversores en los que prima la liquidez sobre las ventajas fiscales que se derivan de la permanencia en un fondo de inversión a medio o largo plazo.

Estos fondos, al invertir en activos de elevada liquidez, son los más idóneos para momentos de incertidumbre y para coyunturas en las que los tipos de interés a corto plazo son más elevados que los tipos de interés a largo plazo.

Por todo ello un fondo de dinero está especialmente dirigido a los profesionales y empresas medianas y pequeñas que:

— Tengan lo que se conoce como «puntas de tesorería» periódicas o esporádicas.
— Necesiten mantener importes, relativamente grandes, en un grado de liquidez total.
— Dispongan de fondos para utilizar dentro de un plazo corto.

Los fondos de inversión en deuda del Estado (Fondtesoros)

Los fondos de inversión conocidos como «Fondtesoros» son fondos en valores del Tesoro Público (letras del Tesoro y bonos y obligaciones del Estado). Como fondo de inversión va a participar de todo el régimen general aplicable a las instituciones de inversión colectiva.

Su origen se encuentra en la Orden Ministerial de 7 de junio de 1990 sobre Convenios de Colaboración Relativos a Fondos de Inversión en Deuda del Estado. Mediante esta disposición el Ministerio de Economía y Hacienda abrió la posibilidad a las sociedades gestoras de instituciones de inversión colectiva de suscribir convenios para la creación de fondos de inversión, con denominación genérica Fondtesoros, cuya característica principal es que invierten exclusivamente en deuda del Estado.

Parece claro que el objetivo perseguido con la creación de este tipo de fondos es contribuir a la mejor difusión y colocación de la deuda del Estado, en la medida en que garantizan a los inversores la liquidez de sus participaciones.

Los Fondtesoros pueden revestir dos modalidades: los Fondtesoros FIM y los Fondtesoros FIAMM.

En la tabla 23 se recogen, a modo de síntesis comparativa, las principales diferencias entre los FIM y los FIAMM.

Los Fondtesoros FIM tendrán que invertir al menos un 50% de su patrimonio en bonos y obligaciones del Estado o en cualquier otra modalidad de deuda del Estado que el Tesoro emita con plazo inicial de amortización superior a un año (el resto del patrimonio también tendrá que invertirse en deuda del Estado, pero podrá colocarse en letras del Tesoro o en «operaciones con pacto de recompra de deuda del Estado», es decir, en operaciones sobre deuda a corto plazo).

Por su parte, los Fondtesoros FIAMM habrán de tener un patrimonio invertido, exclusivamente, en deuda del Estado a corto plazo, especializándose, por consiguiente, en letras del Tesoro y en «operaciones con pacto de recompra» sobre bonos y obligaciones del Estado.

Las principales diferencias entre ellos van a radicar, primero, en que en los primeros (Fondtesoro FIM) han de tener el 50% del patrimonio invertido en bonos y obligaciones del Estado o en cualquier otra modalidad de deuda del Estado emitida con plazo inicial de amortización superior a un año, mientras que en los Fondtesoros FIAMM la cartera del fondo está compuesta, fundamentalmente, por valores del Tesoro con vencimientos muy próximos, inferiores a seis meses.

Tabla 23

Denominación	Fondo de inversión mobiliaria	Fondo de inversión en activos del mercado monetario
Abreviatura	FIM	FIAMM
Patrimonio mínimo	500 millones de pesetas	1.500 millones de pesetas
Plazo máximo de reembolso a partícipe	3 días hábiles	1 día hábil
Información del depositario al partícipe sobre el estado de posición	3 meses	1 mes
Valores susceptibles de mantener en cartera	Cualquier instrumento negociable en mercado secundario: acciones, obligaciones, bonos simples y convertibles, deuda del Estado.	Valores de renta fija admitidos a negociación o de elevada liquidez: bonos y obligaciones no convertibles, deuda del Estado, pagarés de empresa, títulos hipotecarios.
Vencimiento máximo de la cartera	Sin límite	18 meses
Vocación del fondo	Largo plazo	Corto plazo

Otro factor diferenciador de los Fondtesoros entre sí, y con respecto a la generalidad de los fondos de inversión, son las comisiones. En líneas generales, el conjunto de comisiones aplicables en el ámbito de los Fondtesoros es sensiblemente inferior a las que rigen para los FIM y FIAMM ordinarios.

Un Fondtesoro puede ser un producto atractivo e interesante para muy distintos tipos de partícipes por todas las ventajas que este fondo supone y que hemos señalado en el epígrafe anterior.

La elección entre Fondtesoro FIM o Fondtesoro FIAMM dependerá de las necesidades y situación personal de cada inversor. Si el partícipe tiene intención de que su inversión permanezca en el fondo de inversión durante un período de tiempo suficientemente largo (por ejemplo tres años), lo indicado para este inversor es elegir un Fondtesoro FIM, puesto que las oscilaciones de la rentabilidad de este tipo de fondos tienden a compensarse entre sí a medida que transcurre el tiempo.

Si, por el contrario, se presupone que se va a necesitar el dinero en un plazo de tiempo breve, el fondo de inversión más indicado para el partícipe es un Fondtesoro FIAMM, ya que su evolución es mucho más estable en períodos cortos de tiempo.

Los fondos garantizados

Un fondo garantizado es un fondo de inversión, domiciliado en España, de carácter abierto (es decir, se permite la entrada y salida de partícipes del fondo de inversión sin restricciones), con valor liquidativo de la participación diario, siendo las participaciones suscritas a una fecha determinada, y siendo objeto de un contrato de garantía (entre el grupo financiero de la sociedad gestora y el partícipe) por el que se garantiza la revalorización de esas participaciones a una fecha también determinada.

Así, en el caso concreto de los «Fondos garantizados» del BBV (los primeros constituidos en España bajo esta fórmula), los «valores liquidativos de la participación garantizados» fueron 132.000 pesetas para BBV Bono 98; 160.000 para BBV Bono 2.000, y 230.000 pesetas para BBV Bono 2.005.

En definitiva, es una fórmula más sencilla, que comprende sólo a fondos de inversión constituidos en España, y acogidos a la autorización de la Comisión Nacional del Mercado de Valores.

Bajo esta segunda fórmula las participaciones de un fondo de renta fija, suscritas en unas fechas preestablecidas, son objeto de un contrato de garantía (conocido como «carta de garantía») de revalorización a una fecha dada suscrito entre una entidad financiera y el partícipe, quedando el fondo de inversión, como tal, ajeno a dicho contrato.

Esta segunda fórmula solventa algunos inconvenientes, como que los valores en los que invierte el fondo están cotizando en mercados organizados y que, al ser el fondo de inversión ajeno al diseño del contrato de garantía, su cartera no sólo está nominalmente diversificada, sino que no se encuentra gravada por contrato alguno. Además, al estar constituido y registrado el fondo de inversión en España, está sujeto a supervisión plena por la Comisión Nacional del Mercado de Valores.

En definitiva, esta fórmula consiste en una doble operación: por un lado, la inversión en un período de tiempo predeterminado, por un plazo fijo, que si se incumple conlleva la aplicación de fuertes comisiones de reembolso y, de otro, una garantía, en virtud de la cual, de llegar a término la inversión, el partícipe obtendrá una rentabilidad mínima prefijada. Los mecanismos utilizados para alcanzar esta rentabilidad mínima varían en función de la fórmula utilizada.

En la mayor parte de los casos, si la rentabilidad mínima no se obtiene como consecuencia de la gestión realizada en el fondo, la hará efectiva una entidad externa al mismo, generalmente perteneciente al grupo financiero de la sociedad gestora.

La sociedad gestora se obliga, mediante garantía personal, a que el partícipe en el fondo de inversión obtenga, como mínimo, determinada rentabilidad que, de no ser alcanzada, se compromete a pagar sin necesidad de efectuar la transmisión o reembolso de las participaciones.

Como hemos visto, dos son los modelos iniciales que han podido responder a ese concepto indeterminado de «fondos garantizados» y que han aparecido en el mercado español prometiendo al inversor particular garantizar, según los casos, su suscripción inicial o una rentabilidad mínima.

Estos aspectos deben ser, en cualquier caso, objeto de matización, empezando por lo que se «garantiza» realmente. Un fondo garantizado tiene las siguientes características:

1. Se suele establecer un período inicial de suscripción, con un importe mínimo que oscilará entre 50.000 y 1.000.000 de pesetas.
2. No suele existir límite para aportaciones o suscripciones adicionales, aunque lo habitual es que estas suscripciones no tengan las garantías concedidas a las iniciales.
3. Debido a la filosofía de estos fondos, no suele permitirse reembolsos periódicos, siendo muy frecuente que, en caso de solicitar un reembolso total, se apliquen fuertes comisiones de reembolso para disuadir al partícipe de cancelar su suscripción.

Ahora bien, estos fondos lo que realmente están garantizando es que aquellas participaciones que se puedan suscribir y reembolsar en un momento concreto y sólo en ese momento (conocido como período de suscripción, es decir, el momento de lanzamiento del fondo) van a tener una revalorización concreta a una fecha determinada.

Por ejemplo, un fondo de estas características me puede garantizar que si suscribo participaciones en este mes dentro de siete años obtendré una rentabilidad fijada.

De tal modo que si un partícipe entra el mes que viene y reembolsa dentro de dos años no gozará de esa rentabilidad y, por tanto, para este partícipe no será un «fondo de inversión garantizado». Así pues, ¿qué es realmente lo que «garantiza» un fondo de inversión garantizado?: ¿qué ventajas presenta?

1. Normalmente la garantía no es extensible a participaciones adquiridas con posterioridad al período de suscripción.

2. Usualmente la garantía se establece única y exclusivamente en favor del beneficiario, por lo que no es transmisible *intervivos,* y sólo en algunas ocasiones vía *mortis causa.*
3. La garantía es independiente del reembolso de las participaciones del fondo al vencimiento.
4. El importe de la garantía tendrá el tratamiento de incremento de patrimonio dentro del IRPF con las ventajas fiscales del régimen fiscal de fondos de inversión. Es decir, con una antigüedad de más de un año y menos de dos, las plusvalías que se obtengan en 1996 tributarán como máximo al 20%. Ese mismo tipo se aplicará a los beneficios conseguidos en la venta de participaciones, a partir de 1997, con más de dos años de permanencia.
5. La garantía viene otorgada por la entidad financiera, no por el gestor.

No obstante, las indudables ventajas de los fondos garantizados pueden presentar algunos inconvenientes. De un lado, la bajada de los tipos de interés lleva a que las ofertas que se presenten a los clientes de fondos garantizados sean menos atractivas. A mediados de 1995 los garantizados ofrecían una rentabilidad próxima al 10% y a mediados de 1996 (como consecuencia de la bajada de tipos de interés acordada por el Banco de España) era difícil encontrar un fondo garantizado que ofreciera más de un 8% anual. De otro lado, la garantía usualmente no es transmisible *intervivos,* y sólo en algunas ocasiones vía *mortis causa.*

Las técnicas de gestión de un fondo de inversión garantizado pueden ser múltiples y parecernos muy sofisticadas. En líneas generales estas técnicas se basan en el uso de operaciones de futuros y opciones, compra de *warrants,* así como compraventas a plazo de deuda pública en anotaciones.

Estas operaciones se realizan en los mercados nacionales (mercado doméstico) aunque se aceptan, también, bolsas de valores radicadas en países miembros de la OCDE y otros mercados especializados en derivados tales como el Chicago Mercantile Exchange, el Deutsche Terminbörse, etc.

En un futuro próximo y como efecto del Real Decreto de 7 de junio de 1996, en el que se establece que los fondos podrán utilizar instrumentos financieros derivados u otras técnicas de cobertura de los distintos riesgos, parece claro que el desarrollo de este precepto legislativo provocará, con toda probabilidad, que las sociedades gestoras adopten fórmulas más sofisticadas de remuneración para los partícipes.

En general, y dado lo novedoso de estos fondos, es altamente aconsejable que los inversores que se sientan atraídos por estos «fondos garantizados» exijan, previamente a su suscripción, información pública suficiente (habitualmente los folletos informativos registrados ante la Comisión Nacional del Mercado de Valores) para poder forjarse una opinión suficientemente clara con respecto al alcance y significado real de estos fondos de inversión.

El régimen fiscal de los fondos de inversión

El régimen fiscal de los fondos de inversión es otro aspecto de indudable interés para el partícipe y que ha contribuido de forma notable al desarrollo de este producto, fundamentalmente por considerar que no existía obligación fiscal (en el IRPF) hasta que no se produjera un reembolso con el posible incremento patrimonial.

Su situación está marcada por una fecha, el 7 de junio de 1996, en la que se establece una modificación sustancial de su régimen fiscal. Hasta ese momento la característica fundamental estaba en que este régimen primaba la permanencia del partícipe en un fondo de inversión, y así, a partir del segundo año de permanencia en un fondo, se aplicaba un coeficiente reductor del 7,14%, no quedando sometidos los incrementos patrimoniales en el decimoquinto año al IRPF. La entrada en vigor del Real Decreto-Ley 7/96 modifica esta situación, generando una compleja y amplia casuística de posibles situaciones y escenarios aplicables al partícipe de fondos de inversión:

Escenarios posibles

a) Enajenación a partir del 9 de junio de 1996 de participaciones adquiridas después del 9 de junio de 1996

En este supuesto se dan dos normas generales. La primera, la no aplicación de coeficientes reductores, y la segunda, la aplicación, sobre el valor de adquisición de las participaciones, de los coeficientes de actualización establecidos cada año en la Ley de Presupuestos Generales del Estado.

En este supuesto cabe distinguir cuatro escenarios:

a.1) Venta antes del 31 de diciembre de 1996

El posible incremento patrimonial tributará como *renta regular* del ejercicio 1996 (no constituye ninguna novedad).

a.2) Venta en el año 1997, pero no habiendo transcurrido un año (es decir, venta en el año 1997 pero antes del 9 de junio de 1997)

Como la antigüedad de las participaciones es inferior a un año, estamos ante el mismo supuesto que el anterior, pero la *renta regular* se imputará al ejercicio 1997.

a.3) Venta después del 9 de junio de 1997, siempre que haya transcurrido un año pero no más (por ejemplo, venta el 1 de noviembre de 1997 adquiridas el 31 de octubre de 1996)

La antigüedad de las participaciones excede de un año pero no de dos, aplicándose:

— Coeficientes de actualización sobre el valor de adquisición de las participaciones.

— Los posibles incrementos tributarán al mayor de los dos siguientes tipos: el tipo medio correspondiente al 50% del incremento o el tipo medio correspondiente a la renta regular.

a.4) Venta después del 9 de junio de 1997, siempre que haya transcurrido más de dos años (por ejemplo, venta el 1 de noviembre de 1999 adquiridas el 31 de octubre de 1996)

La antigüedad de las participaciones excede de dos años, aplicándose:

— Coeficientes de actualización sobre el valor de adquisición de las participaciones.
— Aplicándose un *tipo fijo* del 20% sobre los posibles incrementos, con independencia del período de permanencia de las participaciones.

b) Enajenación después del 1 de enero de 1997 de participaciones adquiridas antes del 9 de junio de 1996

Se rige por dos reglas generales: la aplicación de coeficientes de actualización sobre el valor de adquisición de participaciones y aplicación del coeficiente reductor del 14,28% (sólo sobre incrementos) por cada año de permanencia que exceda de dos (redondeando por exceso). A este efecto se toma como período de permanencia el número de años que medie entre las fechas de adquisición de las participaciones y el 31 de diciembre de 1996. A su vez, en este supuesto cabe distinguir tres escenarios:

b.1) Venta de participaciones adquiridas con anterioridad al 9 de junio de 1996, siempre que no haya transcurrido un año (por ejemplo, venta el 7 de febrero de 1997 adquiridas el 7 de abril de 1996)

No se aplican coeficientes de actualización (o en su caso con valor 1), y el posible incremento patrimonial obtenido tributará como renta regular en el ejercicio 1997.

b.2) Venta de participaciones adquiridas con anterioridad al 9 de junio de 1996, siempre que haya transcurrido un año pero no dos (por ejemplo, venta el 7 de febrero de 1998 adquiridas el 7 de abril de 1996)

Se aplican coeficientes de actualización sobre el valor de adquisición, pero no se aplica coeficiente reductor sobre el incremento teórico por no exceder de dos años la antigüedad. El posible incremento patrimonial obtenido tributará al mayor de los dos siguientes tipos: el tipo medio correspondiente al 50% del incremento o el tipo medio correspondiente a la renta regular.

b.3) Venta de participaciones adquiridas con anterioridad al 9 de junio de 1996, habiendo transcurrido dos años (por ejemplo, venta el 8 de abril de 1999 adquiridas el 7 de abril de 1996)

Se aplican coeficientes de actualización sobre el valor de adquisición de las participaciones. Se aplica coeficiente reductor (14,28) anual por cada ejercicio que exceda de dos (desde la fecha de adquisición hasta el 31 de diciembre de 1996). A partir del 31 de diciembre de 1996 existe un tipo fijo de gravamen del 20% para el posible incremento patrimonial.

c) Enajenación en el año 1996 de participaciones adquiridas antes del 9 de junio de 1996

No se aplican coeficientes de actualización. Se aplica un coeficiente reductor (14,28) sobre los incrementos (se excluyen las disminuciones) por cada año de permanencia que exceda de dos. En este caso el número de años se redondeará por exceso. En este supuesto existen tres escenarios:

*c.*1) Venta de participaciones en las que su antigüedad sea inferior a un año (por ejemplo, venta el 10 de junio de 1996 adquiridas el 12 de diciembre de 1995)

El posible incremento patrimonial tributará como renta regular del ejercicio 1996.

*c.*2) Venta de participaciones en las que su antigüedad sea superior a un año pero inferior a dos (por ejemplo, venta el 10 de junio de 1996 adquiridas el 9 de mayo de 1995)

No se aplica coeficiente reductor ya que la antigüedad no excede de dos años.

El posible incremento de patrimonio tributará al mayor de los dos siguientes tipos de gravamen: el tipo medio correspondiente al 50% del incremento (si existen rendimientos irregulares, el tipo medio se determinaría sobre el 50% de la base liquidable irregular) o el tipo medio correspondiente a la renta regular. El mayor de los dos tipos de gravamen tendrá como límite máximo el 20%.

*c.*3) Venta de participaciones en las que su antigüedad sea superior a dos años (por ejemplo, venta el 10 de junio de 1996 adquiridas el 9 de mayo de 1993)

Se aplica el coeficiente reductor (14,28% anual por cada ejercicio que exceda de dos). (En este caso, serían 4 – 2 = 2 años; por tanto, 7,14% × 2 años = 14,28%.)

El posible incremento patrimonial tributará al mayor de los dos siguientes tipos: el tipo medio correspondiente al 50% del incremento (si existen rendimientos irregulares, el tipo medio se determinaría sobre el 50% de la base liquidable irregular) o el tipo medio correspondiente a la renta regular. El mayor de los dos tipos de gravamen tendrá como límite máximo el 20%.

Los fondos de inversión en la prensa financiera

En los últimos tiempos, y dados los volúmenes patrimoniales y la importancia que han adquirido los fondos de inversión entre el inversor particular, son muy frecuentes las noticias en prensa donde se señalan diversos aspectos de estos productos financieros (véase figura 11).

Los fondos captan 1,2 billones en enero, el volumen mensual más alto de la historia

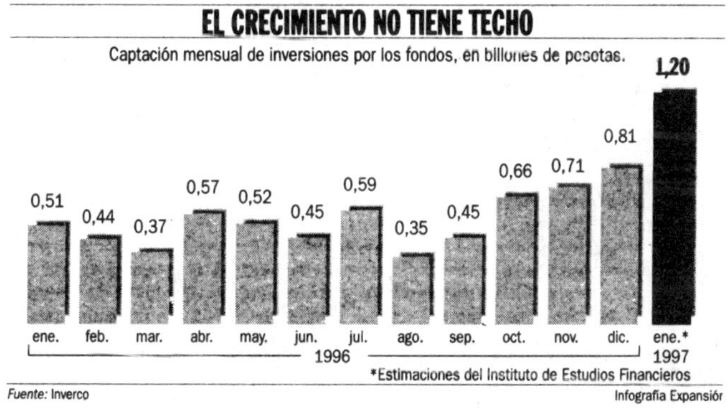

Fuente: Expansión, 3 de febrero de 1997.

Figura 11.

El desarrollo espectacular de los fondos de inversión en cuanto a volúmenes patrimoniales es una noticia habitual en la prensa económica. En este caso, la noticia es clara y avanza un dato: en enero de 1997 ya se ha cumplido una quinta parte de los objetivos previstos para el presente año.

Generalmente, un lector que busque información de fondos de inversión en la prensa tanto general como económica con toda probabilidad se va a encontrar con un cuadro de características similares al de la figura 12.

BANCOS Y CAJAS

☎	Nombre del Fondo	Tipo	Valor liquidativo	Dif. diaria	Patrim. (mill.)	Rentabilidades año	Rentabilidades 1996
AHORRO CORPORACIÓN					0864 GESINCA		
0304	AC Acciones	RV	1.678,90	-15,87	6.400	3,09	43,76
1392	AC Australasia (*)	RVM	1.020,23	-4,52	523	2,02	N/D
1394	AC Corp. Iberoamérica (*)	RVM	1.068,16	-5,67	563	6,82	N/D
0990	AC Cuenta FT	FIAMM	179.878,48	43,37	419.021	0,83	6,97
0306	AC Deuda FT	RF	1.839,89	0,33	167.655	0,77	11,52
0307	AC Dinero	FIAMM	181.507,06	72,73	4.284	0,84	6,76
0308	AC Divisa	RFM	1.458,34	-7,83	7.408	7,24	12,38
1381	AC Eurofondo (*)	RVM	1.006,88	-0,54	503	0,69	N/D
1382	AC Fondo Intern. (*)	RF	1.010,33	-0,22	505	1,03	N/D
1313	AC Horizonte Seguro	RF	1.020,90	0,13	510	0,77	1,31
0303	AC Largo FT	RFM	1.402,43	2,49	24.194	1,65	18,93
0614	AC Quant	RF	1.052,30	0,14	1.876	0,90	5,48
1312	AC Rendimiento	RF	1.028,37	-0,52	7.173	0,87	1,95
0309	AC Renta Fija	RFM	1.641,76	-3,89	17.747	0,66	20,95
0310	Ahorrofondo	RVM	5.153,61	-22,34	18.606	1,37	23,16
0453	Asturfondo RF	RF	1.406,88	-0,25	2.125	0,58	7,81
1307	Bolsacaser	RV	1.191,86	-11,17	596	2,65	16,11
0458	C.Galicia Mix	RVM	66.843,58	-295,21	3.207	1,31	22,75
0459	C.Galicia Renta	RF	1.171,17	-0,06	6.872	0,68	9,48
0454	CAI Dinero	FIAMM	124.464,65	17,89	23.997	0,80	6,83
1254	CAI Garantizado	RF	1.054,89	-0,64	14.217	0,83	4,62
0455	CAI Renta	RF	1.794,06	-4,39	12.181	0,69	21,17
0457	Caixa Galicia Dr	FIAMM	128.093,72	24,39	80.488	0,77	6,55
1266	Caixa Galicia Gar.	RF	1.053,41	-0,85	13.407	0,86	4,44
0456	Caixa Galicia Inv.	RF	1.476,62	-0,32	7.026	0,89	13,18
0462	Caja Murcia	RF	1.396,36	-0,85	1.885	0,79	7,71
0463	Caja Murcia Dr	FIAMM	143.326,58	15,02	8.643	0,76	6,33
0464	Caja Segovia Renta	RF	1.436,30	0,29	8.170	0,81	6,94
0460	Cajacanarias Dr	FIAMM	136.131,63	13,31	5.804	0,78	6,34
0461	Cajacanarias RF	RF	1.342,41	-0,88	2.095	0,74	8,15
0465	Canarias Dinero	FIAMM	128.172,16	14,59	4.495	0,71	6,21
0466	Canarias Renta	RF	1.248,48	-0,73	1.609	0,81	7,20
0467	Dinerburgos	FIAMM	153.585,98	55,67	60.932	0,78	6,32
1309	Dinercaser	RF	1.030,48	0,43	515	0,83	2,20
0468	Dinerfondo	FIAMM	279.991,00	40,02	16.541	0,78	6,69
0991	Dinerpamplona	FIAMM	107.273,56	19,50	5.306	0,77	6,24
0469	Fond C.C.M.	RF	1.205,92	-0,92	570	0,66	5,77
1393	Fondavila Garantía 3 (*)	RF	1.006,11	-0,89	2.994	0,51	N/D
0470	Fondcírculo	RF	1.223,33	-0,29	2.006	0,65	7,30
0471	Fondcírculo Dr	FIAMM	126.242,92	8,75	5.604	0,75	6,35
0472	Fondespaña	RF	1.842,80	-0,16	30.145	0,68	7,84
0473	Fondespaña II	FIAMM	137.868,22	17,73	35.999	0,72	6,23
0474	Fondicaja	RF	2.889,77	-0,64	10.460	0,68	8,23
0475	Fondinero Cast. Mancha	FIAMM	127.432,61	11,18	1.796	0,70	6,19
0476	Fondpamplona	RF	1.416,33	-0,91	4.099	0,71	7,94
0479	Fongeneral Dinero	FIAMM	131.239,09	22,67	10.203	0,76	6,51
0480	Fongestión	FIAMM	271.756,49	35,70	12.686	0,74	6,44
0992	Fonscatalonia 1	RF	1.210,40	0,39	644	0,70	5,83
0695	Fonscatalonia 2	FIAMM	123.081,91	44,00	1.698	0,78	6,41
0749	Fonsmanlleu Estalvi I	RF	1.424,79	0,16	1.378	0,72	6,33
0481	Fontarraco	RF	1.994,58	0,39	5.581	0,73	8,07
0482	Fontarraco Dinero	FIAMM	164.957,34	48,41	8.401	0,75	6,31
0483	Fonvalor	RF	1.671,27	-0,33	2.138	0,68	7,74
0484	Inver-Rioja Fondo	RF	1.397,85	-0,94	823	0,81	6,77
1310	Invercaja 21	RF	1.024,22	-1,54	982	0,68	1,73
1311	Invercaja 31	RF	1.032,37	-1,45	970	0,80	2,42
0406	Inverdiner	FIAMM	271.723,98	23,68	8.308	0,74	6,44
0485	Inverfondo	RF	2.859,01	-0,52	19.299	0,67	7,94
0486	Invermonte	RF	2.266,18	0,03	2.327	0,79	6,75
0487	Maxifondo	RF	14.419,16	-1,20	2.030	0,64	7,00
0489	Novodiner	FIAMM	268.813,84	23,26	10.343	0,74	6,46
1308	Rentacaser	RF	1.028,89	0,44	514	0,80	2,08
0407	Rentcajas	RF	2.582,38	-0,23	2.120	0,71	8,26
0613	S. Fernando Bolsa	RV	14.896,75	-144,90	1.103	2,76	39,62
ARESBANK					0805 ARESINVER		
0021	Aresfondo	RF	1.220,47	-0,97	1.283	0,70	10,72

☎	Nombre del Fondo	Tipo	Valor liquidativo	Dif. diaria	Patrim. (mill.)	Rentabilidades año	Rentabilidades 1996
ARGENTARIA					0802 BEX GESTION		
1227	Arg. Fondibex 99	RF	1.095,84	1,37	1.037	1,73	7,72
1209	Arg. Fondplazo 2000-B	RF	1.087,41	-1,44	28.071	0,86	7,81
1247	Arg. Indice	RF	1.257,19	11,07	1.152	4,06	20,82
1184	Argentaria 3 años-B	RF	1.225,31	-0,64	12.909	1,14	14,25
0107	Argentaria Bex Bolsa	RV	2.903,98	22,55	7.657	4,35	43,27
0108	Argentaria Bex Diner	FIAMM	172.505,83	19,17	154.433	0,86	7,15
0109	Argentaria Bexrenta	RFM	2.101,16	-3,03	56.744	0,72	9,01
0105	Argentaria Delta	RF	1.465,12	3,96	1.145	4,57	10,87
0996	Argentaria F. Doble-Bex	RF	1.287,36	0,00	3.246	1,67	26,62
0994	Argentaria FV	RF	1.220,69	-1,00	1.739	0,96	10,76
0995	Argentaria Fond. V Aniv.	RF	1.265,64	-3,48	16.457	2,05	23,11
0763	Argentaria Fondp.3C	RF	1.160,48	-0,12	11.318	1,40	14,44
0560	Argentaria Global	RFM	1.358,26	-2,91	19.109	2,10	17,49
0997	Argentaria I-C	RF	1.116,48	-0,04	3.221	0,85	8,19
0998	Argentaria I-D	RF	1.108,97	0,84	4.882	0,89	7,69
0104	Argentaria Mega	RV	1.691,57	11,95	1.134	15,46	24,43
0106	Argentaria Renta	RF	1.306,17	0,09	33.024	0,97	8,23
0110	Fondirecto	FIAMM	183.537,25	-3,51	53.342	0,93	8,46
0561	Fondo 22	RF	1.554,59	-2,68	3.256	1,73	30,52
					0806 GESPOSTAL		
0335	Arg. Fondhipotecario	FIAMM	194.654,87	18,59	8.800	0,94	7,78
1232	Arg. Fondibex	RF	1.088,84	1,55	1.363	1,56	7,21
1233	Arg. Fondplazo 2000-A	RF	1.078,04	-1,30	28.100	1,16	6,57
0999	Argentaria 3 años	RF	1.224,61	-0,56	38.506	1,16	14,29
0493	Argentaria Capital	RF	1.144,57	-4,02	11.257	1,10	13,21
0764	Argentaria Fondp.3A	RF	1.158,44	-0,45	24.492	1,15	14,53
0336	Argentaria Fondpostal	RFM	2.625,80	-4,01	95.331	0,68	8,72
1000	Argentaria Global 2	RF	2.799,13	-4,68	13.499	1,98	15,42
1001	Argentaria I-A	RF	1.114,63	-0,05	9.653	0,86	8,00
1002	Argentaria I-B	RF	1.108,54	0,45	13.426	0,84	7,79
1003	Argentaria Postal Bolsa	RV	1.917,87	14,39	7.052	4,12	48,10
1004	Argentaria Postaldiner	FIAMM	248.400,40	29,38	549.160	0,85	6,95
0337	Argentaria Previsión	RF	1.203,88	-0,55	1.639	1,05	8,24
1005	Argentaria Tesorería	RF	1.189,51	0,09	19.296	0,99	8,34
BANCAJA					0899 SOGEVA		
0499	Cavalahorro FV	RF	1.608,11	-10,10	12.881	0,24	13,19
0500	Cavaldiner	FIAMM	212.590,97	66,64	171.562	0,78	6,39
1375	Cavaldiner 2	FIAMM	103.081,99	39,25	3.902	0,83	2,23
0501	Cavaldiner Oro	FIAMM	131.463,58	53,10	79.655	0,92	7,28
1287	Cavaldiner Plus	FIAMM	103.330,96	42,95	4.759	0,94	2,37
0502	Cavalrenta	RVM	1.490,58	-5,41	4.725	1,65	15,80
0503	Cavaltesoro FV	FIAMM	128.470,73	45,04	14.964	0,81	6,58
0504	Edifon	RV	118.999,93	-1.373,76	1.157	9,41	14,48
0505	Electrofondo	RV	170.286,75	-1.455,32	2.510	-2,65	32,93
0652	Eurofondo Divisas	RF	122.498,12	182,38	2.177	3,46	9,74
1006	Fonduxo	RF	140.639,59	37,79	5.415	0,82	6,69
0506	Fonsegur	RF	2.204,69	-8,70	29.337	0,42	10,11
					0817 SOGEVA		
1336	Fonsegur Garantizado (*)	RF	99.513,85	-1.422,66	1.703	-0,49	N/D
0650	Valencia Ahorro	RF	1.205,34	-4,72	6.626	0,30	9,76
0649	Valencia Dinero	FIAMM	114.570,59	34,58	14.348	0,78	6,29

☎ Llamar al **906 31 31 31** ➡ Diga **2** o pulse *; **2** ➡ Diga o pulse el código del fondo **XXXX** ➡

Para información adicional pulse * o diga "VA" ➡ Para consultar otro fondo pulse * o diga "SI" y el código del fondo deseado

Figura 12.

☎	Nombre del Fondo	Tipo	Valor liquidativo	Dif. diaria	Patrim. (mill.)	Rentabilidades año	Rentabilidades 1996
0582	DB Alemania	RVM	1.312,73	-1,65	1.971	10,83	12,24
1361	DB Bolsa Garant. 2000 (*)	RFM	966,49	-10,09	5.775	-3,35	N/D
1256	DB Capital 1	RFM	1.051,73	-1,03	14.518	1,57	3,55
1257	DB Capital 2	RVM	1.062,26	-1,79	9.480	1,84	4,31
1258	DB Capital 3	RVM	1.066,72	-2,40	4.292	1,56	5,03
1225	DB Capital 4	RVM	1.073,71	-3,01	4.108	1,57	5,71
0148	DB Diner	FIAMM	161.283,58	-16,49	151.503	0,84	7,00
0579	DB Diner II	FIAMM	117.946,36	-14,80	77.600	0,84	6,95
1329	DB Dinerplus	FIAMM	103.586,23	-7,16	2.245	0,97	2,59
0581	DB Global	RFM	1.206,06	-0,36	17.219	0,88	7,15
0149	DB Invest	RF	1.610,42	-2,76	22.009	0,95	8,95
0147	DB Invest II	RF	1.572,18	-2,50	17.346	0,98	8,70
0150	DB Mixta	RVM	2.084,44	-14,23	12.393	3,83	29,85
0146	DB Mixta II	RVM	2.089,45	-13,68	6.619	4,25	28,93
EBN BANCO				0844 EBN GESTION			
1096	EBN Capital Activo	FIAMM	153.641,66	17,94	1.881	0,74	6,41
1097	EBN R.Segura	RF	11.920,42	0,32	981	0,75	7,87
FIBANC				0842 GES FIBANC			
1098	Benkers Tesorería	FIAMM	145.814,00	54,00	1.593	0,75	6,65
0296	Fibanc Crecim.	RV	1.466,15	-9,22	6.032	4,86	28,80
0600	Fibanc Divisas	RF	1.682,43	1,35	867	3,78	6,23
0692	Fibanc FT	RF	1.647,20	-8,93	7.490	-0,12	13,46
0298	Fibanc Fondiner	FIAMM	305.653,00	111,00	17.674	0,95	6,42
1403	Fibanc Indice (*)	RV	1.001,22	0,09	2.031	0,12	N/D
0612	Fibanc Premier	FIAMM	118.323,00	47,00	10.420	1,09	7,31
0297	Fibanc Renta	RF	2.375,20	-11,93	13.277	0,03	13,75
0691	Medifond	RF	2.866,33	-17,80	5.973	-0,17	13,74
0693	Mediner	FIAMM	203.600,00	72,00	22.282	0,87	6,39
GRUPO CREDIGES				0824 CREDIGES			
1084	CRV Fonbolsa	RVM	1.479,14	-9,08	2.119	2,74	33,17
1085	CRV Fondinero	FIAMM	113.255,94	-2,45	4.802	0,76	6,83
1086	CRV Fonrenta	RFM	1.566,68	-3,72	7.368	1,19	17,98
1087	Caja Ingenieros Dinero	FIAMM	112.972,98	22,77	3.049	0,73	6,78
1088	Caja Ingenieros Renta	RVM	1.405,18	-8,29	4.339	2,09	28,09
1089	Credicoop Renta	RF	11.787,46	0,00	2.981	0,81	12,30
0677	Fonengin	RFM	1.500,67	-0,96	10.431	0,91	11,76
0141	Fongrum	RF	1.443,70	-1,08	1.411	0,71	12,29
GRUPO MARCH				0989 GESTEMAR GESTION			
0402	Almagro	RF	218.375,21	-156,75	23.118	0,83	11,96
0403	Almagro Divisas	RVM	112.759,93	-22,78	624	8,12	11,70
0404	Almagro Valores	RV	154.144,76	-1.195,83	2.483	2,19	36,24
0343	Fonmarch	RF	3.212,26	-2,34	19.207	0,83	13,24
0344	Fonprogreso	RF	2.105,28	-1,60	18.009	0,79	13,32
0405	Gesticuenta Almagro	FIAMM	135.345,66	3,41	4.834	0,78	6,64
0620	March Dinero	FIAMM	11.273,25	-0,26	3.816	0,76	7,10
0346	Marchfondo FIM	RFM	2.358,22	-5,39	4.127	0,91	17,47
0623	Mercapatrimonio RF	RF	1.632,08	-0,70	564	0,69	9,18
1099	Rentrifondo	RFM	1.629,30	-5,24	888	0,48	16,94
0516	Urquijo Capital	RFM	390,10	-1,06	24.361	1,31	19,27
0517	Urquijo Crecim.	RV	1.760,39	-12,52	4.248	5,47	33,88
0518	Urquijo Dinero	FIAMM	317.745,90	-3,65	42.591	0,76	7,18
0700	Urquijo Garant. 2	RF	122.482,20	-39,17	8.745	1,52	20,65
1199	Urquijo Garant. 3	RF	108.092,33	-109,54	10.437	0,77	7,27
1298	Urquijo Garant. 4	RF	105.940,50	-110,75	5.529	0,84	5,06
1383	Urquijo Garant. 5 (*)	RF	99.818,05	-167,15	2.135	-0,18	N/D
1100	Urquijo Garantizado	RF	13.581,86	-9,78	11.642	1,48	23,87
0519	Urquijo Global	RV	191,04	-0,28	1.118	12,92	18,10
1333	Urquijo Ibex Gar.	RV	106.016,00	-130,89	2.109	3,18	2,75
0520	Urquijo Indice	RV	1.555,24	-13,41	7.691	2,53	39,61
0706	Urquijo Líder	RF	107.976,86	81,42	2.019	0,68	7,25
0694	Urquijo Monetario	FIAMM	104.786,28	-6,83	6.961	0,77	3,99
0521	Urquijo Renta	RF	3.078,83	-2,89	43.502	0,82	13,13
0621	Urquijo Tesorería	FIAMM	11.471,05	-0,14	5.495	0,77	7,17
1242	Urquijo Universal	RVM	115.374,34	-588,78	4.337	2,31	12,77

☎	Nombre del Fondo	Tipo	Valor liquidativo	Dif. diaria	Patrim. (mill.)	Rentabilidades año	Rentabilidades 1996
IBERCAJA				0856 GESCAZAR			
0282	Ibercaja Ahorro	RF	2.198,58	-0,19	117.504	0,78	10,56
1101	Ibercaja Crecim.	RF	1.131,43	-0,97	8.454	0,73	12,32
0283	Ibercaja Dinero	FIAMM	216.981,38	80,21	220.839	0,76	6,55
0608	Ibercaja Futuro	RF	1.221,72	-0,11	13.486	0,78	10,52
0284	Ibercaja Intern.	RF	1.214,68	3,73	1.759	5,13	9,08
1240	Ibercaja Patrim. III	RF	1.127,87	-2,30	2.776	1,34	11,29
0609	Ibercaja Patrimonio	RF	1.201,83	-1,98	7.588	0,66	12,83
1239	Ibercaja Patrimonio II	RF	1.200,97	-2,82	6.371	1,64	18,16
1238	Ibercaja Tesorería	RF	1.037,28	0,35	8.577	0,77	2,93
1102	Iberdinero II FT	FIAMM	162.273,86	64,38	101.590	0,82	6,72
				0005 IBERCAJA GESTION			
0636	Ibercaja Bolsa	RV	1.433,74	9,38	4.619	4,25	37,81
0382	Ibercaja Capital	RVM	1.860,63	6,33	6.907	2,89	24,15
0383	Ibercaja Renta	RVM	1.919,93	2,46	6.668	1,30	17,92
JP MORGAN				0850 MORGAN GESTION			
0427	JP Morgan Dinero	FIAMM	251.207,08	-4,93	18.307	0,79	6,87
0644	JPM Fondo Bonos	RF	1.373,71	-14,17	11.725	0,46	18,37
0426	JPM Fondo Extra	RF	2.103,37	-16,61	8.677	0,45	15,55
0645	JPM S Renta Variable	RVM	1.589,37	-23,69	5.463	1,98	45,29
KUTXA				0894 KUTXAGEST			
1352	KutxaRent2	FIAMM	102.795,14	11,73	4.520	0,09	2,00
1103	Kutxafond	RVM	1.876,86	-10,28	6.167	0,89	19,13
1104	Kutxainver	RF	145.532,08	-291,41	11.962	0,81	12,00
1105	Kutxaplus	FIAMM	161.030,88	1.029,38	8.299	0,87	7,35
0409	Kutxarent	FIAMM	205.764,04	23,56	223.610	0,76	6,73
1244	Kutxaseg1	RF	555.314,88	-283,11	1.687	1,71	9,20
1106	Kutxavalor	RV	148.820,14	-1.710,45	2.357	0,82	28,99
LA CAIXA				0853 GESCAIXA I			
0742	Bankeuropa	RF	1.689,16	-0,24	7.411	0,69	7,64
0739	Bankeuropa Divisa	RF	1.208,64	1,88	535	3,06	5,50
0740	Bankeuropa Mt	FIAMM	133.492,44	30,03	9.061	0,75	6,28
0741	Bankeuropa Plus	RF	1.178,79	-0,11	5.130	1,52	8,97
0762	Caixabank Global	RF	1.255,30	-1,20	5.948	1,29	9,90
0761	Caixabank Renta	RF	1.255,20	-0,13	4.547	0,85	8,27
0252	Foncaixa 1	RF	50,07	0,08	2.406	5,97	10,14
0253	Foncaixa 10	RF	1.950,06	-0,33	143.597	0,62	6,85
0264	Foncaixa 11	RF	2.056,25	-0,18	334.386	0,74	7,64
0265	Foncaixa 12	FIAMM	204.032,18	63,57	73.742	0,76	6,90
1200	Foncaixa 14	RF	1.145,57	-0,47	11.128	1,02	13,40
1228	Foncaixa 15	RF	1.072,87	-0,89	9.644	0,72	6,52
1314	Foncaixa 16	RF	1.022,62	-0,82	8.814	0,92	1,33
1315	Foncaixa 17	RF	1.045,58	-9,11	12.194	1,42	3,09
1316	Foncaixa 18	RF	1.036,10	-6,14	7.185	1,25	2,24
0254	Foncaixa 2	RF	2.718,30	-0,33	276.923	0,64	6,66
0240	Foncaixa 2000	RF	1.181,83	-1,21	20.236	0,62	17,40
0312	Foncaixa 2004	RF	1.269,70	-0,39	18.921	1,60	24,65
0255	Foncaixa 3	RF	115,31	0,13	800	3,20	7,36
0256	Foncaixa 4	RF	2.329,69	-0,44	24.114	0,51	6,37
0257	Foncaixa 5	RV	2.603,55	-19,97	49.343	1,88	30,89
0258	Foncaixa 6	FIAMM	100.000,00	0,00	43.504	0,00	N/D
0266	Foncaixa 7	RF	2.148,38	-0,09	428.860	0,84	8,35
0259	Foncaixa 8	RF	1.871,55	-0,40	21.946	0,52	6,06
0260	Foncaixa 9	RF	1.884,95	-0,34	84.348	0,54	6,23
0261	GDS Servif.	RF	326,26	-0,04	23.280	0,67	7,38
0263	GDS Servif.3	RVM	2.703,01	-20,51	1.652	1,91	28,20
0262	GDS Servifondo 2	FIAMM	258.497,41	87,66	18.652	0,87	7,16
LLOYDS BANK				0896 LLOYDS INVEST. ESPAÑA			
0642	Lloyds Bolsa	RV	1.668,01	-13,95	4.451	3,09	35,20
0414	Lloyds Fondo 1	RF	1.706,66	-0,84	6.471	0,64	11,13
0413	Lloyds Money	FIAMM	194.493,14	-9,24	40.314	0,75	6,92
1245	Lloyds Tesorería	FIAMM	103.320,69	-7,50	5.113	0,72	2,58

Figura 12 *(continuación).*

En esta noticia lo primero que el lector apreciará es que los fondos de inversión se agrupan según si son bancos o cajas, es decir, si el grupo financiero al que se encuentra vinculada la sociedad gestora pertenece a un banco o a una caja de ahorros.

Como sabemos, por imperativo legal se va a imponer que la sociedad gestora y la entidad depositaria de un fondo sean independientes; sin embargo, se contempla la posibilidad de que pertenezcan a un mismo grupo financiero (que podrá ser un banco o una caja de ahorros o una entidad independiente) si se cumplen unas normas de separación, entre las que destaca que se cumplan unos criterios de independencia en la gestión y en la prevención de conflictos de intereses entre las entidades del mismo grupo financiero que establece la Ley de Instituciones de Inversión Colectiva.

En la práctica la mayor parte de las sociedades gestoras están vinculadas con bancos o cajas de ahorros.

Así, en la figura 13 se puede leer en primer término el nombre de la sociedad gestora dentro del epígrafe de BANCOS Y CAJAS.

La estructura de los datos que aparecen en esta noticia de prensa es la misma que se puede encontrar en cualquier periódico.

BANCOS Y CAJAS

			Valor	Dif.	Patrim.	Rentabilidades	
☎	Nombre del Fondo	Tipo	liquidativo	diaria	(mill.)	año	1996

Figura 13.

Como vemos, generalmente son ocho los datos básicos que se facilitan sobre un fondo de inversión.

El dibujo en forma de *teléfono* representa un código de identificación del fondo.

Este código permite conocer en cualquier momento, marcando un número de teléfono concreto (en este caso, en el de esta página del periódico *Cinco Días,* el 906 31 31 31), los datos del fondo en el que estemos interesados tecleando el número de identificación, como recogemos a continuación:

☎ Llamar al **906 31 31 31** ⟹ Diga **2** o pulse *, **2** ⟹ Diga o pulse el código del fondo **XXXX** ⟹

Para información adicional pulse * o diga "YA" ⟹ Para consultar otro fondo pulse * o diga "[illegible]" y el código del fondo deseado

El *nombre del fondo* en ocasiones está acompañado por las letras «FT»; esto indica su condición de fondo de inversión en deuda del Estado o, como se conoce normalmente, «Fondtesoro».

En tercer lugar, se indica *el tipo* de fondo de que se trate, que irá acompañado por alguna de las siguientes letras: RV (fondo de inversión mobiliaria de renta variable), RVM (fondo de inversión mobiliaria de renta variable mixta), RF (fondo de inversión mobiliaria de renta fija) o FIAMM (fondo de inversión en activos del mercado monetario).

A continuación se indica el *valor liquidativo* de la participación, sobre cuyo cálculo nos ocuparemos más adelante, y que representa el valor al que se reembolsarían las participaciones en el caso de que un partícipe decidiera retirar su dinero a una fecha determinada, en nuestro caso a la fecha del día de la noticia, es decir, 4 de marzo de 1997.

La *diferencia diaria* indica la variación entre el VLP o «valor liquidativo» con respecto al día anterior. Es decir, si cogemos el primer fondo de inversión, AC Acciones, el valor liquidativo que aparece en el periódico del 4 de marzo de 1997 es de 1.678,90; como se señala que la «diferencia diaria» es de «–15,87», en el periódico del 3 de marzo de 1997 la cantidad que aparecería como «valor liquidativo» sería de 1.663,03, ya que:

1.663,03 (VLP 3-3-1997) – 1.678,90 (VLP 4-3-97) = –15,87

El patrimonio del fondo se recoge en millones de pesetas; siguiendo con el ejemplo, el patrimonio de AC Acciones sería de 6.400.000.000 pesetas.

Finalmente se recoge, probablemente, el aspecto más importante (sobre el que también nos ocuparemos con más detalle a continuación): las *rentabilidades,* que en este caso son de dos tipos, «anuales» y «1996».

La rentabilidad «anual» sería la rentabilidad del fondo en lo que va de año; en el ejemplo, la rentabilidad del fondo desde el 31 de diciembre de 1996 hasta el 4 de marzo de 1997, mientras que la rentabilidad «1996» es la que alcanzó el fondo de inversión durante 1996, luego durante todo 1997 aparecerá la misma en el periódico; en nuestro ejemplo, 43,76%.

Sin duda, estos conceptos pueden ser más o menos intuidos por el lector; ahora bien, con total seguridad que el lector lo que realmente se plantea es: ¿cómo puedo realizar estos cálculos?, ¿cómo puedo calcular un VLP o una rentabilidad? A todo ello vamos a intentar responder a continuación.

El cálculo del valor liquidativo de estas participaciones será diario y se obtendrá, en líneas generales, dividiendo el patrimonio del fondo por el número total de participaciones en circulación.

$$\text{VLP} = \frac{\text{Patrimonio total del fondo}}{\text{Núm. de participaciones totales en circulación}}$$

El valor patrimonial del fondo va a ser variable por los siguientes motivos:

- Las aportaciones de los partícipes. Los partícipes suscriben y reembolsan cantidades distintas.
- La cartera de valores del fondo de inversión produce unos intereses o dividendos que se acumulan en el total del patrimonio del fondo y, por tanto, incrementan el valor patrimonial.
- El valor patrimonial variará al cambiar la cotización de los valores en los que está invertido.

A continuación vamos a desarrollar en dos ejercicios sencillos los aspectos básicos que un inversor se plantea al invertir en fondos.

Ejercicio 1. Supongamos que un inversor lee en un periódico de fecha 1 de enero de 1997 que una sociedad gestora de instituciones de inversión colectiva ha constituido un fondo de inversión mobiliaria con 500 millones de pesetas de patrimonio repartidos en 50.000 participaciones.

Si el inversor quiere conocer el valor liquidativo de esa participación a esa fecha deberá proceder a realizar el siguiente sencillo cálculo de este ejercicio:

$$\frac{500.000 \text{ (patrimonio total del fondo)}}{50.000 \text{ (núm. de participaciones totales en circulación)}} = 10.000 \text{ ptas. VLP}$$

Nuestro inversor decide suscribir (invertir) el 1 de enero de 1997 la cantidad de 250.000 pesetas, y desea conocer qué número de participaciones le corresponden.

$$\frac{250.000 \text{ (aportación del partícipe)}}{10.000 \text{ (valor liquidativo del 1-1-1997)}} = 25 \text{ participaciones}$$

Imaginemos que el inversor lee en un periódico de fecha 1 de enero de 1997 que una sociedad gestora de instituciones de inversión colectiva ha constituido un fondo de inversión en activos del mercado monetario con 1.500 millones de pesetas de patrimonio repartidos en 15.000 participaciones.

Si el inversor quiere conocer el valor liquidativo de esa participación a esa fecha deberá proceder a realizar el siguiente cálculo:

$$\frac{1.500.000 \text{ (patrimonio total del fondo)}}{15.000 \text{ (núm. de participaciones totales en circulación)}} = 100.000 \text{ ptas. VLP}$$

Nuestro inversor decide invertir (suscribir) el 1 de enero de 1997 la cantidad de 250.000 pesetas, y desea conocer qué número de participaciones le corresponden.

$$\frac{250.000 \text{ (aportación del partícipe)}}{100.000 \text{ (valor liquidativo del 1-1-1997)}} = 2{,}5 \text{ participaciones}$$

Ejercicio 2. ¿Cómo se calcula la variación de VLP? ¿Cómo sabe el inversor que ha obtenido beneficio? ¿Cómo lo puede calcular?

Veamos algunos supuestos recogidos en este ejercicio número 2.

Supuesto A

Transcurrido un año desde que nuestro partícipe (inversor que ya ha suscrito un fondo de inversión) suscribió su fondo, por ejemplo un FIM, con los datos que hemos visto en el ejemplo anterior, se plantea vender su participación en el fondo (reembolsar), por lo que quiere comprobar cuál sería su VLP a fecha 1 de enero de 1998 y si obtendría beneficio.

Para ello lee en un periódico que su fondo tiene un patrimonio de 1.850 millones de pesetas con el mismo número de participaciones en circulación, 15.000.

Nuestro inversor realizará el siguiente cálculo:

$$\frac{\text{1.850.000.000 (patrimonio total del fondo)}}{\text{15.000 (núm. participaciones totales en circulación)}} = \text{123.333,33 ptas. VLP}$$

Nuestro partícipe, que había adquirido el 1 de enero de 1997 un total de 2,5 participaciones, si se decidiera el 1 de enero de 1998 a su venta, teniendo en cuenta que el VLP es de 123.333,33, tendría que realizar el cálculo siguiente:

$$\text{2,5 participaciones} \times \text{123.333,33} = \text{308.333,325 pesetas}$$

Como nuestro partícipe invirtió 250.000 pesetas y ha obtenido 308.333,325, la diferencia, y siempre que no se le apliquen comisiones de reembolso, sería su beneficio, es decir, 58.333,25 pesetas.

$$\text{308.333,325} - \text{250.000} = \text{58.333,25 pesetas}$$

Supuesto B

Imaginemos que nuestro partícipe ha suscrito un FIM. Transcurrido un año desde que nuestro partícipe suscribió un fondo de inversión (cuyos datos son iguales que los vistos en el ejercicio 1), se plantea vender su participación en el fondo (reembolsar), por lo que quiere comprobar cuál sería su VLP a fecha 1 de enero de 1998 y si obtendría beneficio.

Para ello lee en un periódico que su fondo tiene un patrimonio de 1.320 millones de pesetas con el mismo número de participaciones en circulación, 15.000.

Nuestro partícipe realizará el siguiente cálculo:

$$\frac{1.320.000.000 \text{ (patrimonio total del fondo)}}{15.000 \text{ (núm. de participaciones totales en circulación)}} = 88.000 \text{ ptas. VLP}$$

El partícipe, que había adquirido el 1 de enero de 1997 un total de 2,5 participaciones, si se decidiera el 1 de enero de 1998 a su venta, teniendo en cuenta que el VLP es de 88.000, tendría que realizar el cálculo siguiente:

2,5 participaciones × 88.000 = 220.000 ptas.

Como nuestro partícipe invirtió 250.000 pesetas y ha obtenido 220.000, la diferencia, y siempre que no se le apliquen comisiones de reembolso, sería su pérdida, es decir, –30.000.

220.000 – 250.000 = – 30.000 ptas.

Supuesto C

Imaginemos que nuestro partícipe decide suscribir un fondo de inversión, por ejemplo un FIAMM similar al que hemos visto en el ejemplo anterior.

Pero este FIAMM presenta una diferencia con respecto al anterior, que tiene establecida una comisión de reembolso del 1% [1].

Este supuesto va a tomar los mismos datos que el que hemos analizado en el supuesto A.

Así, nuestro inversor realizará el siguiente cálculo:

$$\frac{1.850.000.000 \text{ (patrimonio total del fondo)}}{15.000 \text{ (núm. participaciones totales en circulación)}} = 123.333{,}33 \text{ ptas. VLP}$$

Nuestro inversor, que había adquirido el 1 de enero de 1997 un total de 2,5 participaciones, si se decidiera el 1 de enero de 1998 a su venta, teniendo en cuenta que el VLP es de 123.333,33, tendría que realizar el cálculo siguiente:

$$2{,}5 \text{ participaciones} \times 123.333{,}33 = 308.333{,}325 \text{ ptas.}$$

[1] Los fondos de inversión pueden aplicar cuatro clases de comisiones: de suscripción, de reembolso, de gestión y de depositaria. Los máximos de la comisión de reembolso pueden ser los que se incluyen a continuación.

FIM	No superior al 5%
Fondtesoros FIM	No superior al 2% en los dos primeros años
FIAMM	No superior al 1%
Fondtesoros FIAMM	No existe

En el caso de los conocidos como «fondos garantizados» que prometen una rentabilidad determinada para un período concreto de tiempo y siempre que se suscriban en un período también concreto, se suelen establecer comisiones de reembolso elevadas (entre un 1,5 y un 2%) para impedir la salida de partícipes del fondo.

Ahora bien, si aplicamos la comisión de reembolso del 1%, el resultado sería:

$$308.333{,}325 - \frac{1}{100} \times 308.333{,}325 = 305.250 \text{ ptas.}$$

Como nuestro partícipe invirtió 250.000 pesetas y ha obtenido 305.520, su beneficio, después de que se le aplique la comisión de reembolso sobre el total reembolsado, sería de 55.520 pesetas.

Como vemos, existe una pequeña diferencia de beneficio derivada de la aplicación de la comisión de reembolso con respecto al beneficio sin comisión (recordemos: beneficio de 58.333,25 pesetas).

- Sin comisión de reembolso:

$$308.333{,}325 - 250.000 = 58.333{,}25 \text{ ptas.}$$

- Con comisión de reembolso:

$$305.250 \text{ ptas.} - 250.000 = 55.520 \text{ ptas.}$$

Recientemente [2], algunos periódicos económicos, con el ánimo de mejorar la información que se ofrece sobre fondos de inversión, han comenzado a añadir la fecha del valor liquidativo de la participación que aparece en los cuadros que se publican (véase figura 14).

Este nuevo dato es, como hemos visto, de gran interés para que los inversores tengan una idea más clara y precisa de la evolución de sus inversiones, sobre todo en momentos en los que la volatilidad de los mercados hace que las cotizaciones de los distintos fondos suban y bajen de un día para otro.

Esta publicación de la fecha del valor liquidativo de la participación también permitirá a los partícipes de fondos internacionales (tanto de entidades financieras españolas como extranjeras) conocer los productos que no cotizan cada día y, por tanto, sólo varían su valor liquidativo semanal o quincenalmente.

---

[2] Véase *Expansión,* 22 de marzo de 1997, pág. 9.

COMM. UNION LUX.	0)Worldwide Bond	F	8.277,90	-40,51	4,56	9/29	2.495	0,50*
Via Augusta, 21	1)European G.	V	512,01	-8,64	13,93	1/18	2.806	1,25*
08006 Barcelona	2)Deutschemark B.	F	5.528,59	-35,63	2,02	5/11	2.493	0,50*
Gemma Sánchez	2)Deutschm.RF.	D	1.132,91	-0,97	1,40	1/6	1.051	0,50*
Tfno. 93-2178000	2)German Grow.	V	323,11	-4,97	15,12	7/10	2.885	1,25*
Fecha v.l.: 19/03/97	3)American G.	V	587,96	-5,85	15,85	1/23	3.693	1,25*
	3)Dollar Bond	F	23.288,39	-75,85	9,03	4/20	1.184	0,50*
	3)Dollar Res.	D	1.752,79	-4,48	9,76	3/8	1.894	0,50*
	3)Emerging Count.	V	267,50	-3,20	15,75	10/17	9.823	1,25*
	3)Far East. G.	V	459,09	-7,53	3,97	14/17	6.804	1,25*
	3)Gold Share	V	157,36	-3,17	15,09	1/22	417	1,25*
	5)French Grow.	V	309,71	-4,65	14,06	4/10	157	1,25*
	6)Japanese G.	V	139,74	3,07	-1,10	5/14	3.641	1,25*
	6)Yen Reserve	D	1.236,24	0,60	1,63	4/15	226	0,50*
	8)Belgian G.	V	671,76	-21,04	12,36	7/22	1.206	1,25*
	9)Monthly Inc.	F	251,00	-2,81	5,48	7/29	1.097	1,25*
	9)Private Cli.	F	378,45	-2,66	10,40	1/29	3.995	1,25*
	9)Sterling Bond	F	44.933,91	-402,70	4,48	1/5	796	0,50*
	9)Sterling Re.	D	371,56	-0,69	3,51	1/15	2.794	0,50*
	9)UK Growth F.	V	418,64	-5,41	7,96	3/9	1.518	1,25*
	L)Italian Gr.	V	165,62	-4,24	7,68	13/22	625	1,25*
	N)Dutch Growth	V	915,17	-29,93	13,52	3/22	2.198	1,25*
	Peseta Bond	F	411,84	-2,66	-0,12	270/284	274	0,50*
	Spanish Growth	V	297,75	-2,49	6,13	19/84	2.641	1,25*
	Unit Plan	V	1.359,16	-12,54	9,05	5/19	167	0,00
	Unit Plan -2-	V	1.136,99	-9,99	9,04	6/19	13	0,00

Figura 14.

El incremento patrimonial

Como todo el mundo sabe, una de las grandes ventajas fiscales de los fondos de inversión es la consideración de que el rendimiento obtenido al reembolsar participaciones de fondos de inversión se considera un «incremento patrimonial» que está sujeto a declaración en el IRPF. Dado que los rendimientos obtenidos no están sometidos a ningún tipo de retención fiscal a cuenta del IRPF, no existirá obligación fiscal en IRPF hasta el momento de la venta de las participaciones.

Así pues, y por razones eminentemente fiscales, a un partícipe de fondos de inversión le interesa no sólo conocer si ha obtenido un beneficio o pérdida en su fondo, sino también saber en cuánto se ha incrementado su participación, pues ese incremento será el que se considere «incremento patrimonial en IRPF.»

A continuación, y siguiendo con los datos empleados para ejercicios anteriores, vamos a calcular los incrementos patrimoniales producidos.

Nuestro inversor o partícipe del ejercicio 1 decidió el 1 de enero de 1997 invertir, por ejemplo, 250.0000 pesetas en un FIM.

Fecha: 1-1-1997	Importe de la suscripción:	250.000 ptas.
VLP: 10.000 ptas. (VLP_1)	Núm. participaciones:	(250.000/10.000) 25

El día 1-1-1998 decide realizar un reembolso de su fondo:

Fecha: 1-1-1998 Valor de participación: 12.350 ptas. (VLP_2)

Entonces, el valor de la inversión a esa fecha será 308.750 (12.350 × 25 = 308.750).

El partícipe decide realizar un reembolso de 150.000 pesetas. ¿Cómo calcularía su incremento patrimonial?

En primer lugar, si retira 150.000 pesetas, teniendo en cuenta que VLP_2 = 12.350, entonces el número de participaciones vendidas sería:

$$150.000 : 12.350 = 12{,}1457$$

El incremento patrimonial sería igual al numcro de participaciones vendidas multiplicadas por la diferencia de valor liquidativo. Es decir:

Incremento patrimonial (P) = Núm. participaciones vendidas × ($VLP_2 - VLP_1$)

$$P = 12{,}1457 \times (12.350 - 10.000) = 28.542{,}395 \text{ ptas.}$$

Es decir, el partícipe estaría obligado a tributar como «incremento patrimonial» 28.542,395 pesetas.

El cálculo de la rentabilidad de un fondo de inversión

Probablemente uno de los principales intereses del partícipe se encuentre en conocer exactamente cuál es o cuál puede ser la rentabilidad de su fondo de inversión.

Conviene señalar que, en general, y salvo que se trate de un fondo de inversión garantizado, las rentabilidades pasadas no suponen rentabilidades futuras y que, por tanto, aunque un fondo de inversión haya alcanzado altos niveles de rentabilidad, esto no quiere decir que dicha rentabilidad vaya a ser siempre ni tan alta ni siquiera la misma.

En primer lugar, vamos a definir la rentabilidad obtenida por un fondo r_0 como:

$$r_0 = \frac{VLP_2 - VLP_1}{VLP_1}$$

siendo:

VLP_1: Valor liquidativo de la participación en el momento 1, en nuestro ejemplo el día de la adquisición.
VLP_2: Valor liquidativo de la participación en el momento 2, en nuestro ejemplo el día 31 de la venta.

Supuesto A

Esta simple fórmula nos va a permitir calcular la rentabilidad de nuestro fondo de inversión que, según el período que tomemos, podrá ser mensual, trimestral, anual, etc.

Siguiendo con el ejemplo anterior, nuestro partícipe había decidido el 1 de enero de 1997 invertir 250.0000 pesetas en un FIM.

Fecha: 1-1-1997 (momento 1) Importe de la suscripción: 250.000 ptas.
VLP: 10.000 ptas. (VLP_1) Núm. participaciones: (250.000/10.000) 25

El día 1-1-1998 (momento 2) decide realizar un reembolso de su fondo:

Fecha: 1-1-1998 Valor de participación: 12.350 ptas. (VLP_2)

El partícipe desea saber su rentabilidad desde el día en que invirtió (el 1 de enero de 1997) hasta el día de su reembolso (el 1 de enero de 1998). Para ello el partícipe, aplicando la fórmula antes señalada, calculará:

$$\frac{12.350 - 10.000}{10.000} = 0,235$$

Con lo que la rentabilidad que se ha acumulado desde el 1 de enero de 1997 hasta 1 de enero de 1998 sería de 0,235, que equivaldría en tanto por ciento al 23,5% (0,235 × 100 = 23,5%).

Esta rentabilidad recibe el nombre de *rentabilidad acumulada* r_a, es decir, *rentabilidad generada en un período*. Normalmente se habla de ésta cuando se refiere a la rentabilidad que lleva acumulada el fondo en el año considerado, desde el 1 de enero. Esto sirve al inversor para que pueda informarse de cómo evoluciona la rentabilidad de su inversión en lo que va de año.

Supuesto B

Puede ocurrir que nuestro inversor desee saber la rentabilidad de esta inversión durante el tiempo transcurrido durante ese año, en términos anuales, es decir, que desee saber la *rentabilidad acumulada anualizada.*

Esta rentabilidad expresa la que se obtendría en un año entero, si la rentabilidad que se hubiera generado en un período (como veremos a continuación, en nuestro ejemplo ese período son 38 días) se reprodujera todo el año.

Si en 38 días el inversor ha obtenido, como veremos, un 25%, en 365 días obtendría *x rentabilidad diaria:*

38 días —— 25%
365 días —— X

Entonces

$$\frac{25\%}{38 \text{ días}} = 0{,}65\% \text{ diaria} \qquad 0{,}65\% \times 365 \text{ días} = 237{,}25$$

Imaginemos que nuestro partícipe, en vez de reembolsar el 1 de enero de 1998, desea reembolsar el 7 de febrero de 1998, y que el valor liquidativo de esa fecha es 12.500 pesetas.

La rentabilidad acumulada, r_a, que obtendría sería del 25%:

$$\frac{12.500 - 10.000}{10.000} = 0{,}25 \qquad (r_a = 0{,}25 \times 100 = 25\%)$$

Por su parte, para calcular la rentabilidad acumulada anualizada, no tendría más que realizar una pequeña variación en la fórmula que estamos empleando:

$$\frac{VLP_2 - VLP_1}{VLP_1} \times \frac{365}{N}$$

N: Número de días del año transcurridos.

$$\frac{12.500 - 10.000}{10.000} \times 100 = 251$$

Por tanto, la rentabilidad acumulada anualizada, r_{an}, sería:

$$r_{an} = 25\% \times \frac{365}{38} = 240\%$$

Como se ve, se alcanzaría, en este caso, una altísima rentabilidad acumulada anualizada.

Todo ello nos lleva a lanzar una *advertencia* sobre la información que esta rentabilidad acumulada contiene, dado que puede inducir a conclusiones engañosas, en la medida en que si, por ejemplo, tomamos un período bursátil óptimo, se puede generar una rentabilidad muy alta, y al anualizarla dispondremos de un dato que, extrapolado, nos dará una elevadísima rentabilidad, como hemos obtenido en nuestro ejemplo.

Sin embargo, esta rentabilidad es muy difícil que se produzca y se mantenga durante los 365 días de un año.

Resumen

1. Un fondo de inversión es un patrimonio común o cartera de valores que pertenece a múltiples inversores finales denominados partícipes.
2. En el funcionamiento de un fondo actúan una sociedad gestora, una entidad depositaria y un comercializador.

3. El inversor particular deberá tener en cuenta varios aspectos para elegir el fondo de inversión que más le interese: necesidades de liquidez, riesgo a asumir, tiempo de permanencia, composición de la cartera del fondos, rentabilidades históricas, entre otros.
4. Existen distintos tipos de fondos.
5. Los fondos de inversión mobiliaria (FIM) son fondos que invierten en activos de renta fija o variable y que tienen una vocación de medio y largo plazo. Pueden ser de renta fija, variable, mixtos o en divisas.
6. Los Fondtesoros son fondos de inversión en valores del Tesoro Público (letras, bonos, obligaciones). Pueden revestir dos formas: Fondtesoros FIM y Fondtesoros FIAMM.
7. Los fondos garantizados son fondos domiciliados en España de carácter abierto, con VLP diario, que se pueden suscribir en una fecha determinada y por el que se garantiza la revalorización de unas participaciones a una fecha también determinada.
8. A raíz del régimen fiscal diseñado a partir del 7 de junio de 1996, existe una amplia casuística sobre la situación fiscal en la que puede incurrir un partícipe de fondos de inversión.
9. A partir del nuevo régimen ya no será tan interesante para el partícipe la permanencia en un fondo de inversión más allá de dos años, ya que no se le aplicarán coeficientes correctores como antes, sino que tributará cualquier posible incremento patrimonial al tipo fijo del 20%.
10. Cualquier partícipe puede seguir perfectamente la evolución de su fondo de inversión en la prensa financiera.

Bibliografía

Mascareñas, Juan, y Cachón, José: *Activos y mercados financieros. Las acciones*, Pirámide: Madrid, 1996.

Mascareñas, Juan, y López, Joaquín: *Renta fija y fondos de inversión*, Pirámide: Madrid, 1996.

Mascareñas, Juan: *Manual de fusiones y adquisiciones de empresas* (2.ª ed.), McGraw-Hill: Madrid, 1996.

Sánchez, José L. (coord.): *Curso de Bolsa y mercados financieros*, Ariel: Barcelona, 1996.

Vaitilingham, Romesh: *Guide to Using the Financial Pages* (2.ª ed.), Pitman Pub.: Londres, 1994.

Algunas direcciones útiles de Internet

- Departamento de Finanzas de la Universidad Complutense
  http: //www.ucm.es/info/ecfin3

- Comisión Nacional del Mercado de Valores
  http: //www.cnmv.es

- Sobre fondos de inversión
  http: //www.tsai.es/fondoweb

- Sobre cotizaciones bursátiles
  http: //www.bolsaweb.com

- Bolsa de Madrid
  http: //www.bolsamadrid.es

TÍTULOS DE LA COLECCIÓN

1. LA INVERSIÓN EN LA EMPRESA, *Mario Aguer Hortal.*
2. LA GESTIÓN FINANCIERA EN LA EMPRESA, *José María Castán Farrero.*
3. EL MARKETING Y EL ÉXITO EN LA EMPRESA, *Inmaculada Rodríguez Ardura.*
4. GESTIÓN DE CALIDAD I. Garantía y consolidación, *Juan Velasco y Juan Antonio Campins.*
5. GESTIÓN DE CALIDAD II. Mejora competitiva, *Juan Velasco.*
6. ACCIONES, BONOS Y FONDOS DE INVERSIÓN, *Juan Mascareñas, Joaquín López y Ángel Borrego* (2.ª ed.).
7. LA DIRECCIÓN DE RECURSOS HUMANOS, *Eduardo Pérez Gorostegui y Beatriz Rodrigo Moya.*
8. FUTUROS Y OPCIONES FINANCIEROS, *Juan Mascareñas, José R. Aragonés, Marta Solórzano y Alfonso Álvarez.*
9. PLANIFICACIÓN Y SELECCIÓN DE RECURSOS HUMANOS, *Irene Saavedra.*
10. MOTIVACIÓN Y COMUNICACIÓN EN LAS RELACIONES LABORALES, *Irene Saavedra.*
11. 125 CUESTIONES SOBRE EL EURO Y LA UNIÓN MONETARIA, *Julio Río Bárcena* (2.ª ed.).
12. INDICADORES ECONÓMICOS, *Francisco José Conde y Sara González.*
13. POLÍTICA DE COMPENSACIÓN Y PROTECCIÓN DE LOS RECURSOS HUMANOS, *Eduardo Pérez Gorostegui y Beatriz Rodrigo Moya.*
14. DESARROLLO Y EVALUACIÓN DE RECURSOS HUMANOS, *Eduardo Pérez Gorostegui y Beatriz Rodrigo Moya.*